Petra Bahr
Mein Abendland

Petra Bahr

Mein Abendland

Eine Reise zu den kulturellen und religiösen Ursprüngen unserer Gesellschaft

KREUZ

MIX
Papier aus verantwortungsvollen Quellen
FSC® C083411

www.kreuz-verlag.de
Umschlag: Thomas Puschmann – fruehbeetgrafik.de, Leipzig
Satz: NagelSatz, Reutlingen
Herstellung: CPI Clausen & Bosse, Leck
ISBN 978-3-946905-03-5

Meinem Vater,
der mich das Fragen gelehrt hat

Inhalt

Abendland:
Kampfbegriff und Sehnsuchtsort 9

Der Stachel im satten Fleisch:
Religion und Aufklärung 25

Der Schatten der Globalisierung:
Angst und Furcht 34

Gefühl statt Wahrheit:
Vom Untergang einer abendländischen Idee ... 42

Jenseits der Schuldshow:
Die zivilisierende Kraft der Vergebung 50

Die Muttersprache wird zur Fremdsprache:
Heimatlosigkeit bei Hannah Arendt 61

Ein deutsches Zeitmaß:
Die Stunde null 71

Verletzte Gefühle:
Der Ehrdiskurs um die Kunstfreiheit 79

Christliches Abendland?
Religion und Säkularität in Europa 89

Der Hinterhalt der Freiheit:
Das Böse 103

Im Schatten des Doms 110

Krieg im Kopf:
Die Macht der Bilder 116

Nachwort 123

Abendland: Kampfbegriff und Sehnsuchtsort

Abendland. Was für ein schönes, poetisches, deutsches Wort. Dabei ist „Abendland“ die Antwort auf eine Verlegenheit. Als Martin Luther auf der Wartburg 1522 das Neue Testament übersetzte, mussten die Heiligen Könige von irgendwoher kommen: aus dem Morgenland. Denn die Drei kommen aus dem Osten. Aus der Perspektive der westlichen Welt mit Rom in der Mitte geht dort die Sonne auf. Im Osten ist das Land, aus dem der Morgen kommt. Das ist die Poesie des Reformators. Das Morgenland bleibt bis heute im Banne dieser Poesie.

Der Begriff hat Mozart-Opern und Expeditionen im Schlepptau. Er verbindet sich mit dem Fernweh der Westeuropäer in einer Zeit, als Reisen das Privileg ganz weniger war, und wird zum Sammelbegriff für gefährliche und erotische Geschichten aus Tausendundeiner Nacht. Ein Wort, das nach einem Gegenüber verlangte. So kamen erst die Abendländer und dann das Abendland in die Welt. Doch was ursprünglich nur den geografischen Richtungssinn bestimmte und Orient und Okzident in die deutsche Sprache überführte, wurde schnell zum politisch und religiös aufgeladenen Schlagwort. Das mag auch am Bildgehalt liegen: Der Abend steht für das Ende des Tages und die Schwelle zur Nacht. Deshalb ist das Abendland immer schon untergegangen.

Der Abend könnte aber auch für blaue Stunden stehen, für versonnene Ruhe, für Geselligkeit an langen Tischen, für die Stunde der Liebe und für die Träume von einer besseren Welt. Doch das düstere Dämmern hat sich schnell durchgesetzt. Die Assoziation von Müdigkeit, von Albdruck und Gefährdung hat offenbar mehr Überzeugungskraft und wird schon kurz nach Erfindung des Begriffs zur Beschreibung gesellschaftlicher und weltgeschichtlicher Zustände.

Mit dem Polit-Bestseller „Der Untergang des Abendlandes“ fand in den 1920er Jahren Oswald Spengler endlich den Titel für ein Welteindunklungsszenario, das schon ein paar Jahrhunderte andauerte. Der Abend der Welt kommt bei Oswald Spengler nicht mehr aus dem Osten. Der Untergang, den Spengler beschreibt, kommt aus dem Innersten der westlichen Welt. Die Dekadenz moderner Gesellschaften, das Unbehagen an den technischen und industriellen Entwicklungen der Jahrhundertwende, die zunehmende Entkirchlichung und die demokratischen Verfassungen, die alle Menschen als Freie und Gleiche behandeln, kurz: das, was wir heute Westen nennen, wird dem Weltuntergangspropheten Spengler zum äußersten, weil innersten Feind. Seine Rettung liegt für den Freund der konservativen

Revolution ganz weit im Osten, in einem russischen Reich, das das Christentum wieder ernst nimmt und für Macht und Ordnung sorgt.

Kein Wunder, dass rechte Populisten hundert Jahre später den Sound von Spengler wieder aufnehmen. Die Begeisterung für Putin und seine Art, das orthodoxe Christentum für die Demagogie gegen die Freiheiten der westlichen Welt zu missbrauchen, nimmt die Lunte auf, die Spengler gelegt hat. Das Abendland ist nicht länger die Beschreibung für einen Kontinent und nicht mehr Sammelbegriff für allerhand Herkünfte und Traditionen, wie sie etwa in der Kurzform „Musik des Abendlandes" anklingen. Abendland meint auch nicht mehr das Ideenreservoir, aus dem die westliche Welt schöpft. Abendland entwickelt sich zu einem politischen Kampfbegriff gegen die liberale, aufgeklärte, demokratische, pluralistische Gesellschaft, deren Schatten fürs Ganze genommen werden. Die Feinde dieses Abendlandes, verstanden als homogener, kulturell einheitlicher, an Autoritäten, Hierarchien und ethnischer Überlegenheit orientierten Welt, der meist das Attribut „christlich" beigefügt wird, sind in dieser Rhetorik des Kampfes immer schon austauschbar gewesen. Das zeigt ein Blick in die Gebrauchsgeschichte des Wortes. Die Türken vor Wien, der Kommunismus als Gefahr aus dem Osten, Frauen, die wählen oder einen Hochschulzugang wollen, die Französische Revolution, der Fernseher, Coca-Cola

– alles Bedrohungen fürs „Abendland". Schwarze oder Amerikaner, Slawen, Asiaten und immer wieder und vehement die Juden werden als vermeintliche innere Gefahr entlarvt. Dass heute ausgerechnet das Judentum in Form des Bindestrich-Etiketts als jüdisch-christliches Abendland für eine neue Art politischer Korrektheit herhalten muss, zeigt, wie wenig moderne Abendlandretter an der Geschichte des Abendlandes interessiert sind. Der Missbrauch des Begriffs setzt schon in der Generation derer ein, die ihn erfunden haben.

Warum können die Abendlandretter gestern und heute an Urängste und Ursehnsüchte appellieren? Martin Luther, der kraftvolle Sprachpoet, ist daran gar nicht unschuldig. Die Türken vor Wien, das ist seit 1529 die Urszene westeuropäischer Untergangsfantasien. Sie hat auch den Reformator zu apokalyptischen Visionen verleitet. Wer verstehen will, woher die tiefsitzende Angst vor „dem Islam" kommt, muss weit zurückschauen. Damals schon verband sich mit dem Islam die Angst vor seiner gewalttätigen Erscheinungsform. Im kollektiven Gedächtnis Westeuropas hat diese Angst vor den osmanischen Eroberern eine tiefe Spur hinterlassen. Kollektive Ängste sind hartnäckig, das kulturelle Gedächtnis kann wie eine seelische Verletzung nachwirken, die irgendwann wegen einer schlimmeren Gegenwart verdrängt wurde. Die „Türken vor Wien", das war der erste große Abend der Welt. Er prägte viele andere kollektive Ängste. Die Erfahrungen von Gewalt und Massakern bei den Eroberungsfeldzügen der Osmanen gen Westen, die Erinnerung an Brandschatzung, Überfälle und Einflussverlust erzeugten einen Schrecken, der in emotionale Bilder übersetzt wurde. Als das osmanische Heer 1529 in Linz einfiel, schürten dramatische Berichte diese Angst, angeheizt durch die Bildmedien der Zeit. Die Kupferstiche Erhard Schöns aus dem Jahr 1530 etwa stellen türkische Märkte dar, auf denen nackte gefangene Christinnen und in Stücke gerissene Kinder von den Soldaten des Sultans verkauft werden. Diese Bilder haben ein jahrhundertelanges Nachleben. Sie lassen sich jeder Zeit aktivieren und in moderne Bildsprache übersetzen. Dabei ist der Grund dieser ins Bild gesetzten Fantasie ja real, das Wüten der Osmanen war keine Einbildung, auch wenn die Bilder stark übertreiben. Sie sind grob und überaus grausam. Deshalb wirken sie so lange nach.

Das komplizierte Verhältnis des osmanischen Reiches zum Deutschen Reich, die intensiven Handelsbeziehungen, der geistige Austausch von Gelehrten, die opportunistische Inanspruchnahme von militärischer Unterstützung gegen die Gegner in der Nachbarschaft, all das fehlt natürlich in den Bildprogrammen zur Rettung des Abendlandes in der frühen Neuzeit. Dabei ist es vielleicht das vornehmste Kennzeichen der geografischen und geistigen Landschaft, die sich als Abendland ausgibt, dass auf diesem Boden kulturelle Einflüsse aller Art angeeignet, ausgeschieden, verwandelt und neu kombiniert wurden. Es war schon immer Austragungsort von Wohl und Wehe der Globalisierung, schon immer Kampfplatz für Reformen und ihr Gegenteil, für Übersetzungsleistungen und Ignoranz, für Neugier und für Borniertheit, für Erfindungen aller Art – und der forcierten Angst vor Neuem. Das Abendland eint nichts so sehr wie der Streit. Für das Deutsche Reich, das schnell mit dem Abendland identisch wurde, standen die Feinde nicht nur an den Grenzen. Verräter im Inneren paktierten mit ihnen. Das waren Ketzer, Juden und politisch Missliebige. Sie wurden zu „heimlichen Türken".

Die Urszene westeuropäischer Untergangsfantasien bildete die Blaupause für andere kollektive Ängste. Deshalb lässt sie sich vielleicht auch noch nach Hunderten von Jahren wieder aktivieren, als kollektiver Seelenschmerz, an den die Fremden erinnern, die in den vergangenen Jahren aus dem „Morgenland" nach Deutschland gekommen sind. Die alten Bilder und die neuen überlagern sich, dem Exotismus von leichtfertigen Multikulti-Träumen ist die Angsterinnerung gewichen. Kollektive Ängste werden nie vergessen, ihre Ungeheuer verändern nur ihr Gesicht.

Diejenigen, die sich jetzt wieder aufmachen, das Abendland vor dem Untergang, vor Überfremdung und vor innerer Zersetzung zu retten, können also auf eine lange Vorgeschichte von Untergangspropheten zurückgreifen. „Abendland“ war im Grunde immer schon ein Kampfbegriff, der in den politischen Umbruchzeiten durch die Jahrhunderte erstaunliche Resonanz erzeugte, weil er Unsicherheit und Veränderungsdynamiken mit Feindbildern besetzte. Das Abendland ist der Fluchtort für alle, die aus der Gegenwart vertrieben werden, die überfordert sind mit ihren Zumutungen, Gefährdungen und Verlustgefühlen. Von der Poesie ist schon lange nicht mehr viel zu spüren. „Abendland“ – dieses Wort wird mit scharfem Unterton oder mit zornigem Zittern vorgetragen. „Abendland“ steht als Bollwerk gegen alle Bedrohungen, ein in die Vergangenheit verlegter Gegenentwurf zur Gegenwart, der Traum von einem Damals, das es so niemals gegeben hat, die gute alte Zeit, als die Welt noch übersichtlich, vertraut und in Ordnung war.

Das Abendland ist aber immer mehr und anderes gewesen als das Programmwort über einer wie auch immer gearteten konservativen Revolution. Es ist immer noch eine Ideenlandschaft und ein Versprechen, ein geistiges Kraftzentrum, in dessen Mitte der Gedanke einer Humanität für alle steht. Es wird Zeit, dass an dieses andere Abendland erinnert wird: jenes Abendland, das sich nicht über seine Feinde definiert, sondern über das, was an Orientierung, Haltung und Grundeinsichten für eine ungewisse Zukunft trägt. Der Begriffsraub muss nicht hingenommen werden. Das käme einer Kapitulation gleich. Wer die Freiheit und Gleichheit, wer Rechtsstaatlichkeit, die Freiheit der Gewissen und der Künste, die Leidenschaft für Bildung und Forschung und die Überzeugung verteidigen will, dass die Zukunft offen ist und Menschen Verantwortungsspielräume ermöglicht, der muss wissen, woher die Ideen kommen und wie viel Kämpfe es brauchte, um sie zum einigermaßen akzeptierten Allgemeingut zu machen. Dafür muss man die schwarze nicht durch rosa Farbe ersetzen und so tun, als hätte sich dieses Abendland je zur Gänze realisiert. Wer Abendland sagt, erinnert auch an die Möglichkeiten, die noch nicht ausgeschöpft, und an die geistigen Schätze, die noch nicht gehoben sind – oder einfach vergessen wurden. Deshalb steckt im Abendland ein Quantum Zukunft. Es ist nicht nur eine komplizierte Vorgeschichte zur Gegenwart, es ist auch ihr Möglichkeitssinn. Die zentralen Ideen mögen alt sein, sie bleiben aber unerschöpflich, weil sie sich verändern können, weil sie der Übertragung und der Weiterentwicklung bedürfen und diese aushalten. Das Abendland ist, so gesehen, kein vergangenes Reich, sondern eine Zukunftsvision und eine Horizontbestimmung für die Beurteilung der eigenen Gegenwart. Gute Ideen haben oft eine Geschichte, die es zu erinnern lohnt. Zu dieser Geschichte gehört es, dass die stärksten Ideen immer schon am stärksten bekämpft wurden. Nicht von äußeren Feinden, sondern von denen, die jede Veränderung für gefährlich hielten. Das Abendland als Land der Ideen stand immer gegen das Abendland als Reich der Ängste vor allem, was neu und anders war. Immer dann, wenn die Welt sich radikal verändert hat, hat dieser geistige Landstrich auch unvorhersehbare Kräfte entfaltet. Das gilt auch heute. Denn noch ist nicht aller Tage Abend.

Es ist an der Zeit, dass dieses Abendland Verteidiger findet, die es mit Argumenten und mit Leidenschaft wach halten. Auch dieses Abendland sucht man vergeblich im Navigationsgerät des Autos. Trotzdem hat es uns geprägt. Und es hat das Zeug zu einem echten Zukunftsreich. Auch dieses Abendland taugt durchaus als Sehnsuchtsort – und als Begriff, der zu unterscheiden hilft. Dieses Abendland kommt allerdings zur Hälfte aus dem Morgenland. Mitten in der geistigen Landschaft stehen, um ein altes Bild aufzunehmen, vier prominente Hügel: der Sinai, von dem Mose die Zehn Gebote brachte, ein Ethos, das sich am Anderen orientiert und gerade deshalb eigene Freiheit gewinnt. Dann ist da Jerusalem, der bebaute Hügel, die Stadt der kommenden Erlösung. Hier hat Jesus davon geredet, wie Gott sich im Menschen zeigt und sein Reich Raum gewinnt; die Akropolis, wo Philosophen um die Wahrheit der Welt stritten und den Zweifel zu einem Motor der Menschheitsentwicklung adelten; und das Kapitol, wo das römische Recht und seine Idee, das alle vor dem Gesetz gleich sein können, wenn es recht verfasste Herrschaft gibt, entwickelt wurde. Wenn große Männer im vergangenen Jahrhundert in Reden das Abendland beschworen haben, fehlte der Sinai meistens. Auch das gehört zur Geschichte des Abendlandes. Man könnte auch zentrale Städte aufzeichnen, um die Vielfalt der Einflüsse zu beschreiben, Städte, die manchmal weit voneinander entfernt im Krieg miteinander lagen – und doch nur zusammen die Kultur geprägt haben, aus der wir heute leben. Athen, die Stadt der demokratischen Vorübungen, Rom, Jerusalem, auch die Städte von Petrus und Paulus, später kommt Bologna dazu, die erste Universität, dann Wittenberg, die europäische Hauptstadt der Reformation, von dort aus Genf und Zürich, das Paris der Enzyklopädisten und Königsberg, die Stadt Immanuel Kants und Hannah Arendts, London und Breslau, Prag und Saragossa, es ließe sich auch eine urbane Abendlandgeschichte schreiben. Doch die Berge passen besser.

Das Abendland ist bergiges Land. Auf Berge zu klettern, kann manchmal ziemlich anstrengend sein. Aber die Aussicht auf dem Gipfel entschädigt für alles. Denn das, was von diesen Hügeln in die Ebene gelangt – die ethische Orientierung, die ihren Maßstab am Anderen gewinnt, die Vorstellung von Gott und Mensch, die sich mit Unterwerfung nicht zufrieden gibt, sondern Vernunft und Wille zum zentralen Motor des Weltverständnisses werden lässt, das Recht, das dem Anspruch nach ohne Willkür auskommt und alle zu Freien und Gleichen macht – was von diesen Hügeln in die Ebene getragen wurde, ist mehr als ein Erbe, das es in Museen und Archiven zu verwalten gilt. Deshalb braucht jede Generation Gipfelstürmer, die an diese Hügel zurückkehren. Mehr denn je ist das „Abendland“ ein Kraftfeld und ein Labor für die Menschlichkeit des Menschen. Der Ausgangspunkt mag reichlich abstrakt sein: Was ist Liebe? Was ist Gerechtigkeit? Was gibt Hoffnung? Vor allem anderen: Was ist Wahrheit?

Wenn wir das Abendland retten wollen, müssen wir auf diese Berge klettern und den Anspruch zurückholen, der sich mit der Kultur des Abendlandes verbindet. Vielleicht haben wir Abendländer die Selbstrelativierung zu weit getrieben und den Zweifel nur noch an uns selbst kultiviert. Es gibt einen Gestus der Selbstverachtung, der mit Selbstkritik nichts zu tun hat, sondern zu gefährlichen Übertreibungen führt. Eine dieser Übertreibungen liegt in der sogenannten Postmoderne. Hier gibt es keinen Maßstab mehr, der für alle verbindlich ist. Die Idee kommt eigentlich aus der Kunst. Alles kann den Künstlern gleichgültig sein, das Banale des Alltags kann zur großen Geste stilisiert und die große Geste als lächerliche Attitüde demaskiert werden. Entscheidend ist nicht mehr das Werk, sondern der Betrachter. Gefährlich wird es, wenn diese Idee für die Politik in Anspruch genommen wird. Was im ästhetischen Spiel der Kunst befreit, führt in der Politik zu einer Relativierung von Grundlagen und Prinzipien. Die philosophisch versierten Berater der Autokraten in Russland, China oder anderswo haben sich diese Perspektive der Postmoderne längst zu eigen gemacht, denn wenn alles eine Frage der Perspektive ist, ist auch jede Position legitim. Menschenrechte, Demokratie, Rechtsstaat, Pressefreiheit, aber auch Wahrheitsansprüche verändern sich, wenn nur noch der je eigene Blickwinkel entscheidend ist. Aufklärung als Grundgeste der Abendländer meint etwas anderes. Das Abendland ist das Reich des immerwährenden Fragens und Suchens nach Wahrheit. Es ist nicht alles gleich gültig. Und es ist nicht alles nur eine Frage der Perspektive. Es gibt Gutes und Böses, das, was vielen Menschen dient, und das, was nur einigen bei der Durchsetzung ihrer Macht hilft.

Wir Abendlandretter sollten von der Wahrheit nicht lassen wollen, auch wenn sie unbequem oder mühsam oder irritierend ist – und vor allem nicht auf Dauer zu finden. Sie macht frei und hilft, Irrtümer und Selbstbetrug abzulegen. Die Orientierung an der Wahrheit meint nicht, dass alles und jedes zum Austragungsort von Wahrheitsansprüchen wird. Das wäre eine fatale Engführung. Aber der Anspruch, zwischen Fakten und Mythen, zwischen Propaganda und Information zu unterscheiden, sollte nicht aufgegeben werden. Zum Abendland gehört das Inbewegungsein und das Unterscheidenkönnen, die Einsicht in Fehler und die Freude an einer neuen Idee. Im Abendland sind Meinungen noch keine Urteile. Gebrüll ist kein Argument, Beleidigung keine Tugend, nur weil man glaubt, den Richtigen zu treffen, und die Überzeugung des Anderen, auch wenn sie schwer erträglich ist, kein Grund, ihm den Kopf einzuschlagen. Der Dissens ist der Beginn des Fragens. Was wäre, wenn der Andere recht hat? Es könnte sich lohnen, jemandem zuzuhören, der die Dinge anders sieht. Abendländer wissen um ihre Herkunft. Alles und jedes, selbst die Religion, hat eine Geschichte. Es ist nicht, es ist geworden. Das eröffnet die Möglichkeit zur Relativierung des eigenen Standpunktes, ohne den Standpunkt selbst aufzugeben. Was geworden ist, war einmal anders – und kann auch wieder anders werden. Veränderung ist ein Weg ins Offene und nicht das Ende. Wie verantwortungsvoll mit der Gegenwart umzugehen ist, ist ein mühsamer Aushandlungs- und Streitprozess, weil noch offen ist, wer recht haben wird.

Die Kunst der Unterscheidung, auch der Selbstunterscheidung, gehört zum wichtigsten Kennzeichen des Abendlandes. Hier gelten Detailverliebte und die, die es noch genauer wissen wollen, nicht als Spinner oder Lügner. Alle Selbstverständlichkeiten, von denen wir heute gut leben, haben ihren Ursprung hier: die Unterscheidung von Politik und Religion, die Unterscheidung des Einzelnen von einer Gruppe, die Unterscheidung von Vermutungen und Fakten. Wer diese Grenzzäune einreißt, überlässt die Welt diffusen Mächten und gefühlten Wahrheiten. Doch was bedeutet die Suche nach Wahrheit heute? Was heißt das, wenn Medien zu Echokammern der eigenen Überzeugungen werden, wo nur die sich treffen, die einer Meinung sind? Was bedeutet die Sehnsucht nach Wahrheit, wenn der unbedingte Wille zur Durchsetzung der eigenen Position wichtiger wird als der hart errungene Konsens, der Kompromiss oder auch nur das zeitweilige Dulden des Anderen? Wie noch wahrhaftig von Gott reden, wenn es Menschen gibt, die sich in seinem Namen in die Luft sprengen und das christliche Tischgebet als Marotte einer zurückgebliebenen Minderheit gilt?

Das geistige Abendland steht als Gegenreich zur Verfügung, wenn diese Unterscheidungen in Frage stehen. Vielleicht haben wir Abendländer diese Einsicht noch vor uns. Das Abendland ist und war das Refugium wacher Geister, die sich mit dem, was ist, nicht zufriedengeben wollten. Deshalb gehört Neugier zu seiner Grundausstattung. Der Erfindungsgeist und die wirtschaftliche Kraft haben hier ihre Wurzeln, genau wie die unbändige Gestaltungsfreude der abendländischen Kunst. Die Freude am Neuen und das Abenteuer des Geistes und der Forschung haben es möglich gemacht, dass wir heute von Erfindungen leben, die vormals undenkbar zu sein schienen. Bis jemand kam, der sie ausgedacht und verwirklicht hat. Das Vertrauen darin, dass nicht alles so bleiben muss, wie es ist, erlaubt auch Kritik an den Vorgängern, an den Herrschenden oder an den Eliten, die den Status quo verwalten. Wer sich in die Biografien großer Abendländer vertieft, von Reformatoren über die Entdecker bis hin zu Erfinderinnen, der stellt fest, dass die meisten von ihnen großen Respekt vor dem Überlieferten hatten. Sie wussten, dass sie auf den Schultern von Riesen standen, wenn sie den Kopf in die Wolken steckten und Aussicht nahmen auf Möglichkeiten, die die Zukunft bereithielt. Dass sie auf diese Weise das Überlieferte bisweilen auch für das Überkommene, das nicht mehr Gültige erklären mussten, ist kein Gegenargument. Kritik, die weiterführt, ist nie Selbstzweck. Vor allem endet die Kritik nicht beim Anderen. Selbstkritik und Selbstbefragung gehören als Begleiterscheinung von Neugier und Wahrheitsliebe zusammen. Auch die Kritik dient der Suche nach Wahrheit. Deshalb ist das Abendland auch der Ort der Selbstbefragung und der unentwegten Selbstbegegnung. Davon zeugen Bibliotheken, Konzertsäle und die Kapellen am Weg. Das Abendland als politischer Kampfbegriff sucht sein Heil in einer erfundenen Vergangenheit. Das Abendland als kultureller Horizont mit vier Bergen gibt Orientierung für die Zukunft. Manchmal hängen Nebelschwaden über dem Sinai. Die Akropolis verfällt, das Kapitol verkommt zum Weltkulturerbe und Jerusalem ist nicht die Stadt der Gottesliebe, sondern des Hasses. Doch die Grundideen, die von diesen Bergen kommen, sind immer noch sehr lebendig. Und dieses Abendland ist die einzige Heimat, die uns niemand nehmen kann, außer wir selbst.

Der Stachel im satten Fleisch: Religion und Aufklärung

„Soll denn der Knoten der Geschichte so aufgehen – die Wissenschaft mit dem Unglauben und die Religion mit der Barbarei?“ Eindringlich fragt so der große protestantische Theologe Friedrich Daniel Schleiermacher seine Zeitgenossen auf dem Zenit der Aufklärungsepoche.

Nach den Erfahrungen des 20. Jahrhunderts scheint es, als hätten sich die beiden stärksten Stränge der europäischen Kultur aus ihrer Verbindung gelöst, allerdings in anderer Richtung, als der große Gelehrte aus Berlin befürchtete: die Aufklärung mit einer Tendenz zur Barbarei und die Religion mit einer Tendenz zum Unglauben. Noch vor wenigen Jahren prognostizierten Intellektuelle das Ende der Religion, ohne viel öffentlichen Widerspruch zu ernten. Und selbst die, die vorsichtiger von einem Gestaltwandel des Christentums hin zu einer sehr intimen Religionspraxis ohne starke Bindung an Theologie und Kirche sprechen, beschreiben den allmählichen Rückzug des Glaubens aus der modernen Alltagswelt. In beiden Diagnosen wird die Religion sprachlos und verschwindet, entzaubert, kraftlos, nutzlos. Sie wird nicht abgeschafft, wie das die radikalen Aufklärer glaubten, sie verschwindet einfach.

Indes wirkt auch die Aufklärung erschöpft. Auch ihren Argumenten fehlt der Brustton starker Überzeugungen. Die Befreiung aus der selbstverschuldeten Unmündigkeit ist eine anstrengende Sache – lieber sucht man die Schuld da bei anderen und erwartet die Lösung von dort. Der Bruch mit den Traditionen führt zur kulturellen Amnesie, die den Sinn für Herkunft und für Zukunft verstellt; der Sturm auf die Autoritäten hinterlässt diffuse Sehnsüchte nach Orientierung, die man nicht so recht zugeben mag; die Wissenschaften haben zwar die Fragen ins Unendliche vermehrt, auf die großen Probleme der Menschheit aber nach wie vor keine Antwort gefunden. Das ist das Wesen der Wissenschaft, doch vielleicht trat sie mit ihren diffusen Heilsversprechen zu lange an die Stelle der schwächer werdenden Religion. Fast scheint es so, dass nun die Aufklärung selbst Unglauben erntet, und zwar da, wo sie aufgetreten ist: als Befreiung des Menschen bis hin zur Hoffnung auf ein ewiges leidloses Leben. Die technische und ökonomische Dynamik der instrumentellen Vernunft, wenn man so will, die um Geist und Bildung halbierte Aufklärung, ist hingegen ungebrochen. Noch die Künste, in Emphase der Aufklärung die vorzüglichsten Medien des Ausdrucks der Freiheit des Menschen von allen Zwecken, werden als Ware deklariert und sogar die Religion soll sich, wenn man manchen Religionssoziologen Glauben schenken darf, auf dem „Markt der Sinnangebote" behaupten.

Unerwartet schiebt sich in dieser Situation der zweifachen Erschöpfung die alte Frage von Schleiermacher wieder in den Vordergrund. Denn die Religion hat sich in der Gestalt des Islam mit Macht zurückgemeldet in der Mitte westlicher Gesellschaften, während die christlichen Kirchen leerer werden. Immer noch ist das Christentum ein vitaler und selbstverständlicher Teil für viele Menschen, doch das allmähliche Verschwinden der religiösen Alltagspraxis in verfasster Religiosität wird begleitet durch die manchmal nur selbstverständliche, teilweise aber auch offensive Frömmigkeit von Muslimen, die mit sichtbaren Symbolen einhergeht – und die westlichen Gesellschaften in rechtliche und religionspolitische Verlegenheit bringt. Dabei ist es unerheblich, dass auch viele Muslime sich in ihrer Nähe und Kenntnis der Religion nicht von den sogenannten Kultur- und Weihnachtschristen unterscheiden. Religion wird eine freundliche, bisweilen Orientierung stiftende Begleiterscheinung, individueller Trost, Heimat in alten Texten, Riten und Gesängen. Auffällig ist der Islam selbst dann, wenn man den großen Differenzierungswillen und die Neugier aufbringt, die nötig sind, um zu verstehen, dass es „den Islam" so wenig gibt wie „das Christentum". Die Konsequenz und Sichtbarkeit dieser gelebten Religion zwingt zu neuen Fragen nach dem Verhältnis von Religion und Aufklärung. Das Christentum bleibt davon nicht unberührt. Im Gegenteil: Eine Debatte um das kulturelle Selbstverständnis ist eröffnet, in der auch die Frage nach der bleibenden Relevanz des Christlichen gestellt wird.

In dieser Situation mehren sich Stimmen, die den Knoten der Geschichte erneut zum Platzen bringen wollen. Die einen sehen in der Aufklärung den eigentlichen Preis der Moderne und fordern eine strikte Neubesinnung auf das religiöse Erbe, um aus der Gewissheit des eigenen Glaubens den Dialog mit der anderen Religion zu führen. Nur wenn unsere Gesellschaft die Ressourcen der eigenen Religion wiederentdecke, könne sie die endgültige Erschöpfung abwenden. Die anderen schreien „Barbarei, Barbarei“ und fordern eine Rückwendung zu den Idealen der aufgeklärten Religionskritik, die Christentum, Judentum und Islam gleichermaßen ins Visier nimmt. In den Auswüchsen der gewaltbereiten Gestalten des Islam sehen sie einen Spiegel der eigenen, gewalttätigen Christentumsgeschichte. Die Debatte um die Beschneidung von Jungen hat den aggressiven antireligiösen Furor aufscheinen lassen, den es in der deutschen Geschichte gibt.

So schleichen sich zwei rivalisierende Deutungsmuster über den Geschichtslauf der letzten zweihundert Jahre ein, die mit Forderungen an die fällige Zukunftsgestaltung verknüpft werden. Die einen kündigen die Verbindung von Religion und Aufklärung auf. Religion könne sich nur als Stachel im satten Fleisch der aufgeklärten Moderne behaupten. Die Formen dieses Gegenmodells sind vielfältig. Mal ist es eine neue Intellektuellenreligion, in der lateinische Messen oder ästhetische Überwältigungserfahrungen die Leerstellen des Wunders ausfüllen sollen, ein anderes Mal ist es die Wellnessreligion gestresster Dreißigjähriger, die sich endlich einmal ohne Sinn und Verstand selbst transzendieren wollen. Die anderen sehen in diesen Phänomenen geradezu den Beleg dafür, dass wir nie richtig aufgeklärt gewesen sind. Solange es theologische Fakultäten, Religionsunterricht und eine starke Rolle der Kirchen in der Öffentlichkeit gebe, dürfe man sich nicht wundern, dass im Schatten dieser akzeptierten Präsenz der Religion neue Formen des Fundamentalismus blühen, schimpfen sie.

Wie ein fernes Echo klingt da der polemische Streit der Aufklärer und seiner Gegner, die Schleiermacher in seinen „Reden an die Gebildeten unter den Verächtern der Religion" so eindringlich an die Verbindung von Religion und Aufklärung erinnert. Er beschwichtigt die Kontroversen nicht, sondern verweist auf die produktive Spannung beider, indem er die alten Grundanliegen der Aufklärung anmahnt: die Mündigkeit, die vernünftige Urteilskraft und das Programm der Bildung. Die drei Leitbegriffe präzisieren nicht nur das ursprüngliche Anliegen der

Aufklärung, sondern auch das der Religion, wie der große protestantische Kirchenvater sie verstanden hat. Aufklärung im anspruchsvollen Sinne ist eben keine Epoche der Geistesgeschichte, sondern eine bleibende Aufgabe, der sich weder die Religion, noch andere Bereiche des Lebens entziehen sollen. Denn erst diese drei Grundanliegen eröffnen den Spielraum der Freiheit, der unter sich ständig verändernden historischen Bedingungen eine Zukunft mit menschlichem Antlitz möglich macht. Mündigkeit versetzt in die Lage, kundig Auskunft zu geben, denn Mündigkeit kommt von Mündlichkeit, sie steht für das Sprachvermögen, für das individuelle Gewissen, für die kritische Urteilskraft des Einzelnen. Keine Autorität der Welt kann diese Mündigkeit beschneiden oder gar verbieten, ohne Verrat an den Wurzeln des christlichen Glaubens zu begehen. Mündigkeit und Sprachvermögen nötigen zwangsläufig zur Bildung in und über die eigene Religion, über die Entstehung der heiligen Texte und über die rivalisierenden Auslegungsgeschichten. Mündigkeit ist demnach weniger ein Zustand als eine Übung. Mündigkeit ist auch die erste Voraussetzung für einen sogenannten Dialog der Religionen, der seinen Namen verdient. Denn nur wer mündig spricht, der hat eine Position, von der aus er mit Haut und Haaren argumentiert, ohne beim ersten Angriff sofort umzufallen. Zu oft sind die sogenannten Religionsdialoge wechselseitige Beschwichtigungsversuche, in denen die Schmerzpunkte ausgeklammert werden. Eh man das Risiko eingeht, den Dialogpartner, mühsam gewonnen, gleich wieder zu verlieren, werden Gemeinsamkeiten betont und Differenzen, vor allem bleibende Differenzen, ausgeklammert. Dabei müsste der Dialog der Religionen da im Grunde erst beginnen. Die wechselseitige Beteuerung, dass man den Glauben des Anderen achte, ist als Einstieg für jedes aufgeklärte Religionsgespräch, dessen Ende offen ist, nur prima facie ein guter Rat. Es könnte doch sein, dass man sich wechselseitig sagen muss, dass es Formen und Weisen der Auslegung und des Selbstverständnisses gibt, die man eben nicht zu achten und zu respektieren bereit ist. Das wäre Mündigkeit!

In der wissenschaftlichen Theologie hat der Glaube, der auf Mündigkeit aus ist, eine diesen Glauben kritisch und konstruktiv begleitende, immer auch historisch informierte Vernunft. Sie befragt die christlichen Zeugnisse der Vergangenheit und der Gegenwart und zwingt so zu einer institutionalisierten Nachdenklichkeit, der in allen erdenklichen Belangen an der steten Unterscheidung von Gott und Mensch gelegen ist, einer Unterscheidung, die immer wieder neu gefunden werden muss. Das Christentum trägt so, wenn es sich ernst nimmt, eine eigene Form der Religionskritik in sich. Diese Kritik bezieht sich nicht nur auf heilige Texte, auf die Einsicht in das geschichtliche Gewordensein der eigenen Gestalt und in die Vorläufigkeit aller menschlichen Wahrheit und damit auch in die Vorläufigkeit jeglicher Gestalt der Kirche, ja, sie wendet sich gegebenenfalls auch gegen die geistlichen Autoritäten. In diesem umfänglichen Sinne braucht es auch islamisch-theologische Fakultäten oder „Institutes for religious studies", wie die je eigene Religion, ganz gleich ob sunnitisch oder schiitisch oder alevitisch, nicht nur religionswissenschaftlich, sondern auch theologisch, also im Sinne der auf Dauer gestellten kritischen Unterscheidungen, zur Not auch gegen Verbände, Geistliche und Islamschulen wissenschaftlich begleitet werden kann.

Diese Ansätze gibt es, aber sie sind klein und bedürfen deutlich größerer Unterstützung. Gute Theologie stellt immer auch Urteilsvermögen und kreative Sprachformen zu Verfügung, um sich selbst und andere kulturelle Phänomene in den Blick zu nehmen. An diesem eigenen Anspruch wird sie sich messen lassen müssen. Indem es seine eigene Botschaft selbstbewusst und sprachkräftig vertritt, kann ein mündiges Christentum die Aufklärung davor bewahren, selbst religiös zu werden. Denn wie die Aufklärung die Religion vor ihrer Fundamentalisierung bewahrt, bewahrt eine mündige Religion die Aufklärung vor dieser Gefahr, selbst zur Weltanschauung zu werden, die kein fremdes Urteil mehr erträgt. Im polemischen Gerangel um Religion versus Aufklärung sind wir mit Schleiermacher gut beraten, der die religiösen Verächter der Aufklärung wie die aufgeklärten Verächter der Religion daran erinnert, dass beide sich um der Freiheit des Menschen willen gegenseitig auf die Sprünge helfen sollen.

Der Schatten der Globalisierung: Angst und Furcht

Für Ängste scheint es keine Obergrenzen zu geben. Keine Abwehr, nicht einmal die Schutzwälle von Logik, Kalkül oder Fakten scheinen die Ängste davon abzuhalten, sich auszubreiten wie ein Infekt. Das Wort „Angst" wird zum Codewort für einen kollektiven Ausnahmezustand. Längst geht es nicht mehr nur um das „Man wird doch noch mal sagen dürfen". Im Land der gemäßigten politischen und medialen Dauertemperatur, das viele bewundernswert ausgeglichen und konsensorientiert, manche deshalb sogar langweilig fanden, haben im Gefolge der Flüchtlingskrise 2015 Gefühle die Oberhand gewonnen.

Nun waren wir Deutschen immer schon Weltmeister im Ausmalen von Weltuntergängen. Aus den Ungeheuern der Nacht sind Fratzen geworden, die wie ein schlechter Vorkarnevalsscherz von Pubertierenden hinter jeder Ecke lauern und „Buh!" machen. Nein, es sind nicht die Flüchtlinge an sich, die uns erschrecken. Aber mit ihnen bekommen diffuse Ängste vermeintlich ein Gesicht – so wie Gummimasken eben keine Gesichter sind, aber wie welche aussehen.

Die Schatten der Globalisierung sind bei uns angekommen. Nicht in Form von abstrakten Zahlen und Summen mit so vielen Nullen, dass einem schwindelig wird – bevor man sich aufrappelt und so lebt wie immer. Mit den Flüchtlingen kommen Menschen. Menschen, die aus zusammengebrochenen Ordnungen fliehen, die um ihr Leben rennen – oder einfach nur ein besseres Leben haben wollen, weil sie seit Jahren in unseren Wohnzimmern, Shoppingmalls und blank geputzten Eigenheimen zu Hause sind – via Internet und durch das Fenster mittelmäßiger Vorabendserien teilten sie unsere Träume, bevor sie in den Notunterkünften der Nachbarschaft untergekommen sind.

In Ängsten artikuliert sich vor allem eines: Ohnmacht. Das Grundgefühl, der Welt ausgeliefert zu sein, die mit ihren ungeheuerlichen Veränderungen nicht darauf wartet, dass wir uns auf diese Veränderungen eingestellt haben. In einem Land, in dem der ökonomische Reichtum und die selbstverständlichen Spielräume der Freiheit so groß wie in kaum einem anderen Land sind, konnten diese Ängste lange heruntergespielt werden. Doch waren sie vermutlich schon da, bevor die epochalen Krisen ausgerufen wurden.

Der Soziologe Heinz Bude diagnostizierte schon vor einiger Zeit einen gesellschaftlichen Angstzustand, der mit der tiefen Erfahrung der Ohnmacht verbunden ist. Diesen Angstzustand verlegt er in heimliche Umbauten von gesellschaftlichen Versprechen. Aus der Perspektive auf die Welt, die da hieß: „Wenn du willst, kannst du es besser haben" (Individuum), und „Wenn du uns lässt, dann werden wir es besser machen", ist die Angst vor dem Abstieg und das Eingeständnis der Grenzen des Steuerbaren geworden.

Die Angst wurde zur Quelle der Bewährung: Was, wenn der Bildungsweg der Kinder nicht mit dem Abitur endet? Was, wenn ich den Job verliere? Die Frage, ob der Angst vor Statusverlust, Vermögensverlust oder Teilhabeverlust ein faktischer Grund zur Sorge entspricht, ist in dieser Diagnose nicht die Pointe. Bude beschreibt die Umbesetzung einer kulturellen Leitperspektive. Die lautet: Alle Kraft geht in den Versuch, dass die Dinge nicht schlechter werden.

Angstzustände sind in der Moderne nicht neu. Sie wurden in den letzten 150 Jahren in Konjunkturen philosophisch und künstlerisch ausgemalt und zu einer Grundbedingung der Moderne erklärt. Die Freiheit macht zuweilen schwindelig, weil alles immer auch anders sein könnte. Das überreizte Gefühl des Möglichen kippt in die Erfahrung einer schrecklichen Kontingenz.

Mit den terroristischen Anschlägen der letzten Jahre bekommt diese Kontingenz einen Namen. Wir sind nicht sterblicher als vorher, wir könnten vom Auto überfahren oder nach einem Gehirnschlag mitten an einem Montag tot umfallen. Aber der Terror in seiner absichtlichen Hinterlist ist als dauernde Möglichkeit präsent. Statistiken helfen gegen die Sehnsucht nach mehr Lebenssicherheit nichts. Ob die klassischen Strategien der inneren Sicherheit durch Polizei und Militär helfen, werden wir sehen, doch ins Innerste unserer Sicherheitssehnsüchte gelangen diese Ordnungskräfte nicht.

Wir sind dem Leben ausgeliefert. Vielleicht hat der materielle Wohlstand uns zu lange davon abgehalten, zu fragen, welche Bedeutung, ja welchen Sinn das eigene Leben hat, die Arbeit, die Beziehungen, in denen wir leben. Sinnfragen sind schon seit Längerem hoch im Kurs, aber eher als konsumierbare Entspannungstechniken und Sinnberatungsliteratur denn als eine gesellschaftliche Bewegung, die Sinnfragen so stellt, dass nicht sofort Sinntechniken angeboten werden.

Deshalb sind Populisten die Krisengewinnler in kollektiven Angstzuständen. Jeder halbwegs intelligente Mensch weiß, dass ihre Parolen keine Probleme lösen, sondern nur die beschimpfen, die keine einfachen Lösungen präsentieren können. Aber wer Angst hat, will es ja nicht so genau wissen, er will endlich wieder ruhig schlafen können – und sei es auch nur für eine Nacht. In Angstzuständen will man niemanden, der die Dinge konsequent zu Ende denkt, der mit kühlem Kopf Kausalketten aufschreibt, gar eingesteht, dass sich nicht alle Probleme lösen lassen und die kleineren Lösungen auch noch Zeit brauchen. Wer Angst hat, will getröstet werden wie ein Kind.

Auch Moralisierung ist die falsche Medizin gegen die Angst. Der Appell, mutiger zu sein, ist ebenso wirkungslos wie ein Machtwort an alle Hasenherzigen. Zur Ohnmacht gesellt sich nämlich dann auch noch die Verletzung derer, die sich in ihren Ängsten nicht ernst genommen fühlen. Und was gibt es Wahreres als das eigene Gefühl, wenn es auch noch von Hunderten geteilt wird? Sören Kierkegaard, der Urphilosoph aller modernen Angstzustände, hat einen anderen Ausweg empfohlen. „Sich richtig ängstigen!“, empfahl er, der diesen Seelenzustand nicht als Pathologie, sondern als Grundbefindlichkeit des Menschen beschrieb. Wer Angst haben muss, der kann nur mehr Ruhe finden, indem er das „Sichängstigen“ lernt, sagt er. Wie das geht? Kierkegaard beginnt scheinbar als Erbsenzähler: Er unterscheidet zwischen Furcht und Angst. Doch manche Erbsenzählerei führt zu heilsamen Unterscheidungen: Wer sich fürchtet, kann den Gegenstand der Furcht benennen.

Er fürchtet sich „vor“ etwas oder jemandem. Furcht benennen führt in die Anschauung – etwa so, wie wenn man hinter dem riesigen Schatten nach dem Gegenstand sucht, der hinter einer geschickt platzierten Lichtquelle wie ein Gigant wirkt. Im Kinderbuch über den Grüffelo entpuppt sich der

Schattenriese als Maus. Was nicht heißt, dass man sich vor Mäusen nicht fürchtet. Es soll ja Leute geben, die räumen angesichts des großen Chaos in der Welt ihre Kleiderschränke auf. Ein wenig Ordnung machen – zumindest in der eigenen Welt. Diese kleine Ordnung wird auf Dauer keinen Schutz vor der Angst bieten, aber für eine Atempause reicht es.

Wenn Ohnmacht Angst gebiert, können nur die Erfahrungen helfen, dass Menschen mitten in allen Unwägbarkeiten, in dem Unüberschaubaren, Bedrohlichen, Ungeklärten, sich selbst als die erfahren, die einen kleinen Unterschied machen. Es kommt deshalb nicht von ungefähr, dass diejenigen, die in Flüchtlingseinrichtungen helfen, die regelmäßig mit Menschen aus der Fremde umgehen, deutlich weniger Angst vor diesen Fremden haben. Das heißt nicht, dass sie Probleme weglächeln, aber sie verharren nicht mehr vor dem Diffus-Katastrophischen, sie wenden sich einer Sache, einem Menschen zu – und sind deutlich mehr davor gefeit, in das „Loch des Sinns" zu fallen, das der Theologe Paul Tillich schon vor hundert Jahren zur gefährlichsten Falle seiner Gegenwart erklärt hat.

Die Erfahrung von individuellem Kontrollverlust, die Diagnose von den Grenzen der Steuerbarkeit in der Politik, die vollkommen offenen Folgen der Digitalisierung bleiben. Vor allem die technischen Möglichkeiten werden in letzter Zeit mit einem Wort in

Verbindung gebracht, das das Fieber der kollektiven Ängste noch einmal steigen lässt: Disruption. Kein schleichender Wandel, sondern radikale Brüche in dem Bereich, der bis gestern sicher war: der ökonomischen Basis. Schon kursieren wieder Zahlen mit vielen Nullen. Diesmal ist es der Prognosepoker um die zukünftigen Arbeitslosen. Entspannungstechniken helfen da nicht weiter.

Wie aber kann das gelingen, was Kierkegaard „sich richtig ängstigen lernen" genannt hat? Die Ängste eingestehen – und aus ihnen Befürchtungen machen. Der Furcht kann man etwas entgegensetzen: das Vertrauen auf die eigene Fantasie zum Beispiel, die nicht nur Ungeheuer, sondern auch Drachentöter gebiert. Entängstigung kann nur bedeuten, die Gründe für die Angst nicht an der Oberfläche zu suchen. Das Fremdsein im eigenen Leben können wir nicht den Fremden aufschultern, die zu uns kommen. Diese Fremden sind ja auch Bündnispartner unserer Angst, ja, viele von ihnen haben erlebt, wovor wir nur Angst haben. In den Flüchtlingsunterkünften wohnen mindestens so viele Dämonen wie unter unseren Betten.

Gegen die Angst hilft Trotz und das Singen im Walde, die Ärmel hochkrempeln und dahin gehen, wo die Erfahrung der Ohnmacht sich wandelt in das Erlebnis des Gebrauchtwerdens und des Könnens. Gegen die Angst hilft das Eingeständnis, dass wir uns von ihr nicht freikaufen können. Wir können sie nicht abwählen. Wir können über sie lachen, denn wenn wir uns eingestanden haben, dass Ängste als Schatten der Freiheit dazugehören, müssen wir sie nicht immer ernst nehmen. Wir können unsere Fantasie bändigen und für andere Kräfte nutzen. Für den Geist guter Ideen, für kleine Lösungen, wo große fehlen, für ein Leben ohne Aufschub, für die Einsicht, dass die Zukunft offen ist.

Wenn das stimmt, dann ist es eine Anmaßung und grenzenlose Überheblichkeit, die Angstbilder als Ende auszugeben. In der biblischen Tradition sind die Angstbilder vom Ende mit Schrecken in der Sprache der Apokalypse beschrieben. Expressionistische Angstszenarien wie aus einem Albtraum. Diese Apokalypsen wären aber missverstanden, wenn sie als biblische Geschichtsphilosophie gelesen würden. Die apokalyptische Tradition ist Ausdruck bedrängter Minderheiten und traumatisierter Kollektive.

Das Christentum hat viele Endzeitpropheten hervorgebracht. Vielleicht trifft man in den konservativen Ecken der Kirche deshalb besonders viele Welteindunkler. Die biblischen Apokalypsen wurden allerdings erzählt, damit sie nicht eintreten. Sie waren ein Einspruch gegen das Immer-so-Weiter, ein Versprechen, dass die Zukunft noch nicht zu Ende erzählt ist. Richtig ängstigen. Das wäre schon mal was.

Gefühl statt Wahrheit: Vom Untergang einer abendländischen Idee

„Das Ei ist hart", beschwert sich der Ehemann im berühmten Sketch von Loriot und insistiert, es könne nicht viereinhalb Minuten gekocht haben. „Ich koche es jeden Morgen viereinhalb Minuten", kontert die Ehefrau. – „Und woher weißt du, wann das Ei gut ist?" – „Ich nehme es nach viereinhalb Minuten heraus, mein Gott." – „Nach der Uhr oder wie?" – „Nach Gefühl. Eine Hausfrau hat das im Gefühl." – „Aber das Ei ist hart. Vielleicht stimmt was mit deinem Gefühl nicht …" Das Morgengespräch zweier Eheleute beim Frühstück ist so etwas wie alte bundesrepublikanische Leitkultur. Loriot war schon immer eine Art Gesellschaftsphilosoph im Gewand des entspannten Gelächters. Seine Miniaturen haben nachgerade prophetisches Potenzial. Sieht man mal von der Kleinigkeit ab, dass bei ihm in der Regel die Frauen jede Menge Gefühl und die Männer vergeblich magere Fakten zum Alltagsleben beisteuern, weshalb es fast zu Mord und Totschlag kommt, ist diese Geschichte wie eine Vorausschau auf das, was jetzt als Modewort mit rasanter Aufstiegskarriere von sich reden macht: Leben wir in einer postfaktischen Welt? Kochen wir uns unsere Wirklichkeit zusammen wie die Frau bei Loriot und geben sie dann als exakte Viereinhalbminuten-Welt aus, ganz gleich, ob sie hart oder weich ist? Oder sollte die Tatsache, dass jetzt alle von der postfaktischen Politik reden, vermuten lassen, dass da, wo alle sich auf einen Begriff stürzen, Vorsicht angebracht ist? Postfaktisch – das meint ja: Stimmungen und Gefühle werden immer wichtiger als Fakten. Populisten wie Donald Trump geben längst schonungslos zu, dass das, was der Fall ist, für ihn völlig unerheblich ist. Statistiken des FBI über die Kriminalität von Latinos? Die Erwerbsquote von Frauen der Mittelschicht? Ein wissenschaftlich beglaubigter Atlas der folgenreichsten Klimaschäden? „Is mir egal", sagt er so achselzuckend wie der Rapper in der Berliner U-Bahn-Werbung. Hauptsache, die Stimmung stimmt. Nun ist es nicht so, als hätte in den letzten fünfzig Jahren in den demokratischen Wahlkämpfen nichts als die reine Wahrheit geherrscht. Zur Wahltaktik gehörte es immer schon, den Gegner vorzuführen, zu übertreiben oder abzuwiegeln und nur die Statistiken als Argument zu nehmen, die die eigene Position stützen. Es gibt also keinen Grund, die Welt von vorgestern schöner zu machen, als sie ist. Immer geht es im politischen Streit um die Deutung der gesellschaftlichen Lage, um eigene Perspektiven, ja, es geht buchstäblich um Weltanschauungen. Wer will bestreiten, dass in der Politik auch geschummelt, verschwiegen oder sogar eiskalt gelogen wird, im Großen wie im Kleinen, bei Kriegseinsätzen und bei Parteispenden? Dazu kommt: Dass wir die Welt nie so sehen, wie sie ist, sondern immer so, wie sie uns erscheint, ist ja eine Binsenwahrheit. Wer gut gelaunt am Morgen aufsteht, ausgeschlafen ist und nur freudige Aussichten hat, sieht schon die eigene Wohnung, die eigenen Kinder und den grummelnden Nachbarn anders an. So ist es auch im Großen. Die Studiengläubigkeit hat es schon deshalb verdient, einen ordentlichen Knacks zu bekommen, weil nur die wenigsten die Methoden und Fragestellungen einer Studie überprüfen können. Im Faktensicherungsgeschäft gibt es so viele Scharlatane wie auch sonst im Leben. Doch die Rede vom „Postfaktischen" greift tiefer. Hier geht es nämlich um den Eindruck, dass die Kategorie von Wahrheit und Lüge selbst außer Kraft gesetzt ist. Wer Fakten verbiegt, wer Wähler belügt, wer falsche Geschichten verbreitet, fliegt über kurz oder lang meistens auf. Ob die Sanktionen, die auf den Betrug folgen, immer angemessen sind, darüber kann man streiten. Aber das Kriterium der Wahrheit und der persönlichen Wahrhaftigkeit ist eine unterstellte Selbstverständlichkeit. Einer von Putins intellektuellen Hintermännern hat für das Postfaktische eine zynische Theorie entwickelt: Wahr ist, was wir dafür halten. Was stimmt, entscheidet die Stimmung. Und Stimmungen, das ist schon seit der Antike bekannt, kann man erzeugen, lenken oder künstlich anheizen. Die Despoten und autoritären Führer und Populisten haben eine Weltanschauung gemeinsam: Das Kriterium der Lüge finden sie lächerlich. Wahr ist nur der Erfolg. Deshalb ist diese Wende, die viele kluge Beobachter diagnostizieren, nicht einfach nur eine Verschärfung dessen, was immer schon Verdruss erzeugt hat. Es ist mehr als PR und Imagekampagne und Hochglanzwirklichkeit oder Horrorszenario ohne Hand und Fuß. Die Diagnose des Postfaktischen ist für das hergebrachte Verständnis von Wirklichkeit und Wahrheit tödlich. Die Wahrheit wird nämlich ganz im Sinne des Philosophen Friedrich Nietzsche zur reinen Machtfrage. Wer über die Gefühle und Stimmungen der Menschen herrscht, hat recht. Wenn alles zu einer Frage der Perspektive wird, kann jede Form der Menschenverachtung, jeder Rassismus, jede Boshaftigkeit, jede Form der Gewalt zu einer legitimen Position werden. Das sollten alle wissen, die gegen das vermeintliche „Establishment" mit ihrem eigenen Gefühl argumentieren. Das eigene Gefühl scheint der unmittelbarste Indikator für das zu sein, was der Fall ist. „Mein Gefühl", das ist ja nichts, was man nur hat, der Mensch ist, was er fühlt. Wir können uns nur sehr schwer zu starken Gefühlen in Distanz setzen. Wer nachts durch eine dunkle U-Bahn-Unterführung geht, hat Angst. Er traut in diesen Minuten eher diesem Gefühl als der Kriminalstatistik. Doch Gefühle, so unmittelbar und körperlich sie sind, sind nicht fälschungssicher. Stimmungen lassen sich manipulieren. Das weiß jeder, der sich schon einmal gut gelaunt unter missmutige Menschen gemischt hat. Stimmungen sind abhängig vom Licht und von Atmosphären, von der sozialen Situation und vom Gesundheitszustand, sie sind aber auch abhängig von imaginierten Bildern. Nichts ist so mächtig wie die menschliche Einbildungskraft. Das Postfaktische ist deshalb so mächtig, weil nicht nur die Wahrheitsfrage suspendiert ist, sondern auch Hierarchien und Autoritäten des Wissens und der Antwort auf die Frage, was denn wider den Augenschein „der Fall" ist, immer weniger gehört und akzeptiert werden. Informationen über die Welt folgen keinem Gütesiegel mehr. Das hat viel, aber nicht nur mit der Macht der sozialen Medien zu tun. Hier erscheint eine Information nicht deshalb ganz oben auf der Liste der Hinweise, weil ihr besonders viel Wahrheitsgehalt zugetraut werden darf, weil hier eine gründliche Recherche, eine jahrelange wissenschaftliche Arbeit oder schlicht eine glaubwürdige Anzahl von Zeugen im Hintergrund steht. Oben steht, was viele lesen. Das Gütesiegel ist die Klickzahl. Dazu kommt, dass die Algorithmen die Hinweise nach vorne schieben, für die man sich schon früher interessiert hat. Fremdes, Neues und Irritierendes erscheint gar nicht auf dem Bildschirm, der die Weltsicht prägt. In den Echokammern des Internets wird in der Regel die eigene Sichtweise verstärkt. So erscheinen das eigene Gefühl und die eigene Sicht der Dinge als massentauglich: „Die denken alle so wie ich." Korrekturen oder kritische Rückfragen, die eine Einsicht mit Argumenten verstärken oder in Zweifel ziehen, fehlen. Das abendländische Modell der Wahrheitsfindung, dieser mühsame Prozess des Austauschs von Sichtweisen, Argumenten, Widerlegungen, wird gekappt oder gar nicht auf den Weg gebracht. Das hat fatale Folgen für die Kultur der Vergewisserung über die Welt. Das Netz erzeugt lauter kleine Despoten, die agieren wie die Trumps und Putins dieser Welt: Wer die eigene Position nur laut und heftig genug darstellt, bekommt die größte Aufmerksamkeit. Wer gehört wird, hat recht. Das, was viele als Verwahrlosung von Sprache und Ton beklagen, die bis zur absoluten Enthemmung, zu Morddrohungen und strafrechtlich relevanten Attacken geht, ist in der Logik der postfaktischen Welt nur folgerichtig. Wer anders denkt, muss ausgelöscht werden, wenn das einzige Kriterium der Wahrheit ich selber bin. Dieses narzisstische Despotentum ist so gefährlich, weil es keine Dissidenten im Namen der Wahrheit mehr duldet, weil die Wahrheit selbst entmachtet ist. Wenn einmal ganz nüchtern vom Untergang einer abendländischen Idee geredet werden kann, dann ist es die Vertreibung der Wahrheitsfrage aus der politischen und gesellschaftlichen Debatte. In einer postfaktischen Welt gibt es keine externen

Haltepunkte mehr, keinen gemeinsamen Horizont, auf den eine Gesellschaft zugeht, und keinen Boden unter den Füßen, den man getrost auch mal verlieren kann. In diesen Schwindel des Relativen wird alles eingesogen, was nicht stark genug ist. Wer nichts und niemandem außer sich selbst glaubt, ist schlussendlich den eigenen Stimmungen vollkommen ausgeliefert, ganz gleich, woher die Stimmungslage kommt. Deshalb hat das zerstörerische Potenzial dieser Krankheit des Postfaktischen auch eine selbstzerstörerische Dimension. Wer im Furor aus Wut und Ärger, aus Neid und Gier gefangen ist, wird irgendwann taub gegen andere. Dazu kommt, dass Stimmungen hochansteckend sind. Sie verbreiten sich wie ein Grippevirus, gegen den es keinen Impfstoff gibt. Menschen, die unerschütterlich nur sich selbst zum Maßstab haben, sind nicht durch Gespräche berührbar. Sie brauchen das Rechtbehalten um jeden Preis, weil sie nur noch an sich selbst glauben. Gegen die großen und kleinen despotischen Bewegungen hilft keine moralische Entrüstung. Es hilft, trotzig an der Wahrheitsfrage festzuhalten. Was ist der Fall?

Es trifft sich gut, dass Erntedankfest und der Jahrestag der friedlichen Einheit Deutschlands so eng beieinanderliegen. Denn nachweislich hilft schon eine leichte Veränderung der eigenen Sichtachse, um einen anderen Bildausschnitt zu sehen. Es muss nicht gleich ein Kopfstand sein. Aber dankbare Erinnerung, Freude an dem, was gelungen ist, beglaubigt durch Geschichten und Menschen, die in ihnen die Hauptrolle spielen, auch so etwas wie Stolz, das könnte eine Gegenstimmung sein, die sich auf Fakten stützt, aber keine Erbsenzählerei begeht. Fakten gegen Stimmung – das wäre naiv und würde nicht viel helfen. Aber Fakten zum Ausgangspunkt für Pathos oder Zweifel zu nehmen, Dankbarkeit als Haltung von sich selbst verlangen, Wahrhaftigkeit auch da anzustreben, wo die Lüge leichter über die Lippen ginge, genau hinzusehen, das wäre schon mal ein neuer Anfang. Stimmungen sind ansteckend. Das gilt auch für die Grundstimmung, die auf Zuversicht baut und sich von guten Erfahrungen mitreißen lässt. Vor allem muss die Frage nach der Wahrheit eine Frage bleiben. In einer postfaktischen Welt leben, das wäre nicht nur der Verzicht auf gesicherte Erkenntnisse jenseits der eigenen Wahrnehmung, es wäre der Abschied von dem, was das Glück der Moderne zuallererst ausgemacht hat. Die Frage nach Wahrheit eröffnet die Erkenntnis von Fehlern und Irrtümern, sie macht neugierig, in ihr stecken der Möglichkeitssinn und der Erfindungsreichtum, die politische Fantasie und das Ringen um neue Einsichten über den Menschen, Gott und die Welt.

Jenseits der Schuldshow: Die zivilisierende Kraft der Vergebung

Das Publikum will Tränen sehen. Deshalb zoomen die Kameras auf das Gesicht, um den Wasserstand in den Augen zu überprüfen. Sind da unter der Maske am Haaransatz ein paar Schweißperlen zu sehen? Das Fernsehauge wechselt auf die Hände, die unter dem Tisch miteinander ringen. Ist er nervös oder tut er nur so?

Unbarmherzig wird der Filmausschnitt nun tagelang auf allen Sendern gezeigt und in heftigen Diskussionen interpretiert. Experten und Zuschauer beraten über das öffentliche Schuldbekenntnis eines gefallenen Golfstars. Jede Geste wird hundertmal angesehen. Jeder Satz auf die Goldwaage gelegt. War sein Eingeständnis aufrichtig oder hat er uns nur was vorgemacht? Steht er zu seiner Schuld oder bleibt er hinter der Inszenierung von öffentlicher Reue uneinsichtig?

Schuldbekenntnisse sind in den USA ein Publikumserfolg. Ob Ehebruch oder Steuerhinterziehung, ob Missbrauch oder Ladendiebstahl – hat sich ein halbwegs prominenter Politiker, eine Schauspielerin oder ein Sportheld etwas zu Schulden kommen lassen, verlangt die Öffentlichkeit nach einer Schuldshow. Reue und Scham sind ein gängiger Gesichtsausdruck. Es soll Medienberater geben, die sich aufs öffentliche Beichten spezialisiert haben. Das alte puritanische Ritual der Sündenbänke, auf denen im Gottesdienst die sitzen, die im Laufe der Woche gegen eine ausgesprochene oder unausgesprochene Gemeinderegel verstoßen haben, hat es auf unheimliche Weise bis ins 21. Jahrhundert geschafft. Der hochrote Kopf, die Verlegenheit, die Beschämung und die schweißnassen Hände, die mit diesem Ritual verbunden sind, kann sich jeder vorstellen, der mit ein wenig Einbildungskraft begabt ist. Doch durften die, die auf den Büßerbänken saßen, nach dem Schuldbekenntnis auf den Zuspruch der Vergebung hoffen. Sinnfällig wechselten sie danach zurück in die Gemeindebänke. Der mediale Schulddiskurs erlaubt diesen Wechsel nicht.

Mit dem Internet ist auch der öffentliche Pranger neu in Mode gekommen. Ein aus der Haftanstalt entlassener Kinderschänder zieht in unsere Stadt. Seht her, hier wohnt er, der Verbrecher. Das Strafmaß der Öffentlichkeit ist in jedem Falle lebenslänglich.

Die Medienöffentlichkeit richtet unbarmherzig, hat ein geradezu pedantisch genaues Gedächtnis und ist bis in die Sprache so gnadenlos, dass das moderne Rechtssystem wie ein überkommenes Relikt wirkt. Sühne und Rache sind Begleitbegriffe, die ganz ungeniert gebraucht werden.

Die mediale Subkultur des Schulddiskurses ist die düstere Fratze einer aufgeklärten Rechtsordnung, die Schuld bemisst, aber auch Reue und Neuanfang möglich macht. Die Wiederkehr der Schuldobsession ist vielleicht die konsequenteste Antwort auf die mediale Inszenierung einer Glamourwelt der Schönen, Reichen und Perfekten, Suggestion einer Makellosigkeit, die ein wenig Schmutz geradezu herbeisehnen lässt. Wenn die Normalsterblichen schon nicht daran teilhaben, wollen sie die gefallenen Götter immer wieder stürzen sehen, ein dämonisches Ritual wie aus einem fernen Zeitalter, begleitet vom Soundtrack selbstgerechter Empörung. Wer sich schuldig macht, wird immer wieder daran erinnert. Auf die Schuld folgt die Endlosschleife der Beschämung. Bildarchive und Interviews können jeder Zeit wieder hervorgeholt werden. Nach dem Vergeben kommt nie das Vergessen.

Bei uns scheint die öffentliche Lust an der Schuld weniger ausgeprägt zu sein. Tritt ein Politiker zurück, ist nur selten von Schuld die Rede. Als die Bischöfin Margot Käßmann unter Blitzlichtgewittern schlicht und klar von „Schuld“ sprach, fanden viele das außergewöhnlich und bemerkenswert. Lieber versteckt man sich hinter nebulösen Sätzen. Er „ziehe Konsequenzen aus den Vorkommnissen der letzten Wochen“, sie „übernehme die politische Verantwortung“ für diese oder jene Verfehlung oder Unterlassung.

Das S-Wort ist zwar auch in unserer Kultur allgegenwärtig, doch verbindet es sich scheinbar eher mit Schuldenbergen, Schuldnerberatungen, Kreditbetrug und Steuerlasten. Unter der Oberfläche, die die Rede von der Schuld vor allem mit Geldtransaktionen verbindet, ist das Thema „Schuld“ jedoch überall präsent. Dafür braucht es nicht mal Fernsehkrimis. Die Frage nach den Schuldigen ist bei jeder großen oder kleinen Katastrophe allgegenwärtig. Als bei der Loveparade in Duisburg junge Menschen bei einer Massenpanik zu Tode kamen, war der Ruf nach den Schuldigen fast lauter als die Trauer.

Selbst, wenn sich herausstellt, dass ein Unglück das Ergebnis vieler Fehleinschätzungen ungünstiger Momente war, so suchen viele Menschen rastlos nach Verursachern. Zu schrecklich die Vorstellung, dass es niemanden gibt, den man zur Verantwortung ziehen kann.

Der Theologe Paul Tillich (1886–1965) hat sich deshalb in seiner Einschätzung der Moderne geirrt, als er behauptete, nach dem Zeitalter der Schuld sei nun das Zeitalter des Sinns angebrochen und auch das Christentum stelle sich der Frage nach dem Menschen nicht mehr über das alte Thema „Schuld“. Schuld und Sinnhaftigkeit haben sich eher schon auf neue Weise verknüpft. Wer das, was in der Gesellschaft und im Privaten schiefläuft, nicht einer anonymen Schicksalsmacht anheimstellen will, die uns immer wieder zum Verhängnis wird, kommt ohne die Kategorie der Schuld schon deshalb nicht aus, weil sie die Kehrseite der Freiheit ist.

Deshalb ist das „Schuldig-werden-Können“ die zweifelhafte Auszeichnung des Menschen als Mensch und das „Schuldig-werden-Müssen“ das Verhängnis, dem er nicht entgehen kann. Wer sich erst einmal schonungslos der Einsicht stellt, dass es keine menschliche Existenz gibt, ohne schuldig zu werden, entweder durch unser Tun, oder noch tückischer, durchs Unterlassen, Übersehen oder Verstolpern, der wird nicht daran glauben können, dass der Schulddiskurs in unserer Gesellschaft über kurz oder lang verblassen wird.

Eher schon stellt sich die Frage, wie wir mit dem Schuldig-werden-Müssen umgehen. Viel wird daran hängen, wie vital das Christentum bleibt. Denn der Umgang mit der Schuld ist die eigentliche Herausforderung. Noch vor einigen Jahren konnte man einen Bestseller landen, wenn man die Kirche nur ordentlich beschimpft hat wegen der Schuldgefühle, die ein falsch verstandener christlicher Moralismus und eine Sündenpredigt, die Leben mit Lust und Leidenschaft unter Dauerverdacht stellt, verursacht haben. Es ist ja auch was dran an der „Gottesvergiftung“, die Menschen klein und unsicher gemacht hat.

Doch mittlerweile scheint das größere Problem ein Umgang mit Schuld zu sein, der keinen Ausweg mehr bietet. Entweder wird das Schuldig-werden-

Müssen auf die Gesellschaft umgeschuldet. Dann verschwindet die Kategorie der Verantwortung. Schließlich kann ja keiner was für die Verhältnisse, in denen er lebt. Oder Schuld wird so stark entmoralisiert, dass am Ende des Tages nur noch Rechtsbrüche gemeint sind. Alle anderen Formen von Schuld werden zu Fragen des Lebensstils und des Geschmacks umgedeutet. Betrug, Lüge, Verrat oder Kränkung sind dann nur noch eine Frage der Perspektive oder des wechselseitigen Aushandelns.

Für diese Relativierung von Schuldverhältnissen zahlen immer die Opfer den Preis. Es gilt deshalb, diese Relativierung zu relativieren. Was Beziehungen zerstört – und das ist im Kern das Problem der Schuld –, bleibt auch dann Schuld, wenn der eine von beiden findet, dass man das doch nicht so eng sehen müsse.

Fataler als die Umdeutung ist wohl die Halbierung der Schuldgeschichten. In der Möglichkeit der Vergebung, die als die befreiende Botschaft des christlichen Glaubens vor aller Welt Gehör finden soll, steckt eine ungeheure Zivilisierung, die da gefährdet ist, wo wieder Rache und Reuemaßstäbe gesetzt werden, die keiner erfüllen kann. Die Schuldfixierung ist eben kein Erbe des Christentums, wie ihre ungebildeten Verächter neuerdings wieder behaupten.

Im Gegenteil. Das Christentum fragt danach, wie Menschen aus Schuldverstrickungen herauskommen. Das Bekenntnis, sei es öffentlich oder privat, die Wahrhaftigkeit und die Ehrlichkeit der Einsicht sind nur der eine Teil der Botschaft. Der Zuspruch der Vergebung ist der Teil, der bei den öffentlichen Schuldinszenierungen weggelassen wird. Oder die Medien spielen sich selbst zur göttlichen Instanz auf und begnadigen oder verurteilen nach eigenem Gutdünken. „Vergib uns unsere Schuld, wie auch wir vergeben unseren Schuldigern", heißt es im Vaterunser. Dieser Zusammenhang ist Weltkulturerbe geworden. Es wird aber verblassen, wenn Menschen die Bitte nicht mehr als ihr Gebet und ihre Lebensform begreifen.

Allerdings ist das „Entschuldige, bitte" längst zu einer Sprachformel der Beschwichtigung geworden, eine beiläufige Art, nach einem Fauxpas schnell wieder zur Tagesordnung zu gehen. Wer es noch kürzer will, sagt „sorry". Das klingt nicht so streng und hat keinen Hinweis auf eine Schuld im Namen. Wer macht sich schon klar, dass sorry von „sorrow" kommt, von der Traurigkeit, die die Folge des Schuldigwerdens ist. Im Dienstleistungsgeschäft mit hoher Fehleranfälligkeit wie bei der Deutschen Bahn klingt das dann nach einer Verspätung im ICE so: „Wir entschuldigen uns für die Unannehmlichkeiten." Auf den ersten Blick ist es vielleicht nur Wortklauberei, doch Sprache ist verräterisch, sie verweist auf eine Haltung. Bei kleinen Unachtsamkeiten mag so ein „Tschuldige" ja noch angehen. Doch hat sich so die

Bitte um Entschuldigung in ihr Gegenteil verkehrt. Hier wird nicht mehr darum gebeten, dass jemand einem einen Fehler nachsieht. In dieser Art der Entschuldigung steckt der Zwang zur Nachsicht. Stell dich nicht so an. War ja keine Absicht. Aus der Bitte um Entschuldigung ist ein Selbstentschuldigungsprogramm geworden, eine Selbst-Amnestie. Wie eine schwarze Parabel für diese Selbstentschuldigungsprogramme erscheinen die Rücktrittsreden von Politikern. Sie bitten die Bürger nicht um Verzeihung für Amtsmissbrauch oder Verschleierungstaktik, sie entschuldigen sich mit der Art von Zerknirschung, die auch Fünfjährige zeigen, wenn sie sich unverstanden fühlen. Ich entschuldige mich. Aber letztlich bin ich das Opfer. Wer aus dieser Opferrolle raus will, um Verantwortung für sich selbst und sein Handeln zu übernehmen, der muss um Entschuldigung bitten. Wer eine Schuld eingesteht, macht sich angreifbar und verletzlich. Er entblößt sich selbst. Deshalb besteht das Risiko, dass der Andere diese Situation der Schwäche für sich ausnutzt, aus Rache oder aus Verletzung oder einfach, weil er es kann. Nicht nur die Schuld drückt, auch die Scham quält. Trotzdem ist die Bitte um Entschuldigung wichtig, weil der Geschädigte wieder in die Rolle des Handelnden versetzt wird. Das Opfer einer bösen Tat bekommt die Deutungsmacht über das, was ihm angetan wurde. Und der Schuldige beugt sich diesem Urteil. Nun liegt es am Anderen, zu reagieren. Es kann sein, dass der Andere der Bitte nicht nachkommt. „Ich kann dir noch nicht vergeben. Die Verletzung ist zu groß.“ Und doch liegt in dieser Bitte eine große Kraft, es ist die Kraft, die neue Anfänge möglich macht, ohne dass das, was war, ungeschehen gemacht werden kann. Nur wer verzeiht, befreit sich selbst von der Macht, die das Leid über ihn hat. So steckt in der kleinen Bitte um Entschuldigung die Möglichkeit des Neuanfangs für alle Beteiligten.

In der Welt gigantischer Speichermöglichkeiten, in denen nichts mehr vergessen ist, sind Entlastung und Erlösung die größte Herausforderung. Wir brauchen nicht nur eine neue Schuldkultur, die Schuld beim Namen nennt, schonungslos aufklärt und Verantwortliche benennt, so es sie denn gibt, wir brauchen auch eine neue Kultur der Scham. Wer die öffentliche Beschämung befürchten muss und von der tendenziellen Unverzeihbarkeit ausgehen muss, der wird zwangsläufig zum Meister der Vertuschung. Natürlich braucht es bei öffentlichen Ämtern auch öffentliche Einsicht und Verantwortung, aber die gnadenlose Jagd auf die, die gefehlt haben, ist unmenschlich und dient nur der Schuldverschiebung. Nur wer keine öffentliche Beschämung, keine Häme und keine Schikane fürchten muss, traut sich, zu seiner Schuld zu stehen. Das gilt für Schulkinder wie für Politikerinnen.

Hannah Arendt, die jüdische Denkerin mit dem ausgewiesenen Interesse an der christlichen Theologie, hat das Verzeihen zu einer Grundkategorie auch des gesellschaftlichen Handelns erklärt. Ein heikler Satz, wenn damit gemeint ist, dass Menschen Gott spielen sollen. Doch sie setzt das Verzeihen gegen die Unwiderruflichkeit des Getanen. Die couragierte Beobachterin des Eichmannprozesses in Jerusalem, die immer wieder den barbarischen Abgründen des Menschen ins Auge gesehen hat, weiß natürlich, dass sich keine Folge einer menschlichen Schuld rückgängig machen lässt. Sie neigt auch nicht zur Verharmlosung dessen, was Menschen anderen schulden können – ihre Würde, ihre Existenz, ihr Leben. Geschichte ist insofern unwiderruflich. Doch lotet sie mit der Kategorie des Verzeihens, die Judentum und Christentum verbinden, die Möglichkeitsgewinne aus, die in der offensiven Schuldübernahme liegen.

Verzeihenkönnen bleibt eine theologische Kategorie, aber die Folgen sind politische. Wer zu seiner Schuld steht, wer einsieht, welch destruktive Macht im eigenen Handeln wohnt, der sucht nach Vorkehrungen, um sich selbst künftig anders zu verhalten. Über Schuld wächst kein Gras, dazu ist der Boden zu vergiftet. Traumata und verletzte Gefühle sind im Archiv der Gefühle oft lange aufgehoben. Deshalb ist das Verzeihen oft kein einmaliger Akt, sondern ein Prozess, eine vertrauensbildende Maßnahme. Das braucht Zeit, Behutsamkeit und oft auch geschlossene Räume, in denen man sich alles sagen kann. „Wie auch wir vergeben unseren Schuldigern" – dieser Satz ist die Verkürzung einer Lebenshaltung, die viel Übung verlangt.

Und das gilt nicht nur für die Lebensgeschichte des Einzelnen, sondern auch für Völker. Es gibt Gesten der Neuorientierung, den Willen, das eigene Verhalten künftig nach anderen Kriterien zu richten. Ja, der Geist des Verzeihens kann sogar bis ins Recht einwandern.

Die Mühe lohnt sich. Das Verzeihenkönnen ist die menschliche Möglichkeit des Neuanfangs, ein abgeleiteter Neuanfang, einer, den Menschen sich nur deshalb zusprechen können, weil er ihnen zugesprochen ist. Und das macht frei.

Die Muttersprache wird zur Fremdsprache: Heimatlosigkeit bei Hannah Arendt

Wer flieht, reist mit leichtem Gepäck. Was lässt sich schon bei Nacht und Nebel mit ins Ungewisse schleppen? Der alte Flügel aus dem elterlichen Wohnzimmer? Das schwarze Fahrrad? Die geliebten Bücher? Fünf oder sechs der wichtigsten Exemplare lassen sich noch zwischen Wintermantel, Socken und die drei Notizhefte stopfen, in denen die ersten Skizzen zum neuen Buch verstaut sind. Mehr kann die junge deutsche Jüdin nicht mitnehmen, als sie 1933, nach Verhaftung und Verhör bei der Gestapo, Hals über Kopf nach Paris flüchtet. Wer flieht, dessen schwerstes Gepäck ist unsichtbar, denn wer flieht, trägt am schwersten an der Last dessen, was zurückbleiben muss. Der Verlust wiegt Zentner und wird von Grenze zu Grenze schwerer. Die Gerüche, die man erst riecht, wenn man sich nach ihnen sehnt. Die Straßen, die einem erst fehlen, wenn man sie nicht mehr geht. Die Freunde, die zurückbleiben. Die Mutter, die sie nachholen will, bei der ersten Gelegenheit. Am schwersten aber lastet die Muttersprache, die von diesem Tag an zur Fremdsprache wird. Die junge Frau, die leidenschaftlich aus und mit der Sprache lebt, fühlt zwischen sich und der Welt eine Mauer aus Glas, die unüberwindbar bleibt. Das Deutsche wird nun zur Geheimsprache der Emigranten, zum Medium fürs philosophische Selbstgespräch und zum Idiom der Träume. Von der Zunge genommen und in den Kopf eingesperrt, rumort nun das Durcheinander von Kinderliedern und Gedichten, von Passagen aus philosophischen Traktaten und von Flüchen, von Fragmenten einer Sprache der Liebe und von banalen Redewendungen. Jahrzehnte später, da ist sie längst berühmt und auch in Deutschland wieder sehr willkommen, schreibt Hannah Arendt: „Angesichts dessen, was geschehen ist, zählt die Verführung, seine eigene Sprache wieder schreiben zu dürfen, wahrhaftig nicht, obwohl dies die einzige Heimkehr aus dem Exil ist, die man nie ganz aus den Träumen verbannen kann." Eine Rückkehr – das Versprechen an alle Exilierten – gibt es für Hannah Arendt nicht mehr. Diese Unmöglichkeit birgt eine doppelte Tragik: für die Denkerin des Politischen, weil sie sich nie wieder auf der Welt so ganz zu Hause fühlt. „Denkerin der Lücke" hat eine Freundin sie genannt. Für Deutschland, weil Hannah Arendt als Klassikerin des politischen Denkens nie wirklich angekommen ist. „Es gibt keinen Ersatz für die Muttersprache", sagt Hannah Arendt viele Jahre später in einem legendären Radio-Interview mit dem deutschen Journalisten Günter Gaus. „Ich schreibe in Englisch, aber ich habe die Distanz nie verloren." Längst ist sie da schon Amerikanerin, eine geschätzte Essayistin, eine gefürchtete Intellektuelle, eine leidenschaftliche Dozentin. Der Schmerz über den Verlust dessen, was einmal Heimat war, kratzt immer noch an ihrer Stimme. Und wenn sie über ihren Verlust spricht – das Interview gibt es heute als Hörbuch –, dann tut Arendt das in einem schönen und kraftvollen Deutsch, das in der Barbarei der Nazis gleich mit versunken ist. Viele ihrer Bücher sind auch in Deutschland gelesen und diskutiert worden: Und doch sind ihre Texte immer noch eher ein Geheimtipp, obwohl Straßen nach ihr benannt sind. Selbst ein ICE rauschte lange mit ihrem Namen auf der Flanke durchs Land. Während sie in den USA zum Klassiker des Denkens über die Moderne geworden ist und jeder Collegestudent irgendwann einmal einen zerfledderten Portable Hannah Arendt – eine Auswahl ihrer wichtigsten Texte – durchs Leben trägt, ist sie hierzulande eine Fremde geblieben. Öffentliche Debatten sind immer einmal kurz aufgeflackert, etwa als sie ihre Berichterstattung über den Eichmannprozess in Jerusalem mit der These von der Banalität des Bösen verband. Die engagiertesten Diskussionen führte man vor allem abends, in verrauchten Studentenkneipen, also nach den philosophischen Kolloquien. Gegenstand der Diskussionen war die kurze Liebesbeziehung der jungen Jüdin mit Martin Heidegger. Nachdem das „hat sie oder hat sie nicht“ einmal klar war, beschäftigte die Gemüter vor allem eine Frage: Wie stark war der Einfluss Heideggers auf die Denkbewegungen der Arendt? Und wie sollte man das Verhältnis der Ikone des Feminismus mit dem Philosophen bewerten, der zunächst mit den Nazis sympathisierte? Die Frage hätte man ohne Weiteres und mit ebenso großer Beharrlichkeit auch an so berühmte männliche Kollegen wie Hans Jonas und Karl Löwith stellen können. Niemand hätte die große Bedeutung Heideggers für deren Denken bestritten. Keiner hätte daraus jedoch die Frage abgeleitet, ob die Autoren als eigenständige Denker gelten könnten. Man stelle sich einmal vor, die Arbeiten des großen Theologen Rudolf Bultmann, bei dem Hannah Arendt in Marburg studiert hatte, würden ausschließlich über seine Beziehungen zum Kollegen aus der philosophischen Nachbarfakultät wahrgenommen. Aber die Kollegen hatten auch nicht mit dem Meister geschlafen. Bei den möglichen Beziehungen zwischen Todtnauberg im Schwarzwald und dem Riverside-Drive an der Upper West Side sprossen Schlüssellochfantasien ins Kraut. Seit einiger Zeit kann man nun die Briefe lesen, die die Schülerin mit ihrem ehemaligen Lehrer bis zum Ende ihres Lebens ausgetauscht hat. Die Bücher der berühmten Schülerin hat der Lehrer nachweislich nie gelesen. Ein trauriges Lehrstück über die Rolle einer der wenigen diskutierten Philosophinnen im 20. Jahrhundert, die von sich selbst immer behauptet hat, Geschlechterfragen interessierten sie nicht.

Wer aber war Hannah Arendt und was hat sie ein Leben lang zu einer engagierten Vordenkerin des Politischen gemacht, das Neokonservative in den USA genauso fasziniert wie linksliberale feministische Zirkel? 1906 in Hannover als einzige Tochter in ein bildungsbürgerliches Elternhaus geboren, zeigt sie schon früh eine außerordentliche Begabung. Mit vierzehn studiert sie die Kritik der Urteilskraft von Immanuel Kant, während ihre Altersgenossinnen sich noch mit dem „Trotzkopf“ unter der Bettdecke verkriechen. Sie ist eigensinnig und so rebellisch, dass sie ein Jahr vor dem Abitur der Schule verwiesen wird. Sie ist so klug, dass sie, während sie schon in Berlin Philosophie studiert, nebenher als Externe das Abitur macht. Dann geht die Achtzehnjährige nach Marburg und schreibt sich ein: Philosophie mit den Nebenfächern Griechisch und Evangelische Theologie, so steht es im Matrikelbuch. Die junge Studentin fällt auf: wegen ihrer Intelligenz, ihrer Warmherzigkeit und ihrer Schönheit. Die Welt steht ihr offen. Nach einer ebenso stürmischen wie aussichtslosen Liebesbeziehung zum beinahe zwanzig Jahre älteren Lehrer der Philosophie geht sie nach Heidelberg und schreibt ihre Doktorarbeit über den Liebesbegriff bei Augustin. Mit ihrem zweiten großen Lehrer, Karl Jaspers, wird sie im Laufe ihres Lebens ein beeindruckendes Buch schreiben; beide werden darüber zu engen Vertrauten. Vierhundert Seiten umfasst die Sammlung der Briefe, die beide ausgetauscht haben. Während der Heidelberger Zeit verdunkelt sich der Himmel über Deutschland. Durch ihre Freundschaft mit Hans Jonas und dem Zionistenführer Kurt Blumenfeld schärft sich ihr politisches Bewusstsein. Der Antisemitismus wird auch an den Universitäten spürbar. Zeit ihres Lebens wird sie nun die Einsicht quälen, dass auch ehemalige Kommilitonen und Freunde als Teil der geistigen Elite Deutschlands fasziniert waren vom Gedankengut der Nationalsozialisten. „Zu Hitler fiel ihnen was ein. Und zum Teil ungeheuer interessante Dinge! Ganz phantastische Dinge. Und hoch über dem gewöhnlichen Niveau schwebende Dinge!", bemerkt sie einmal bitter. Hannah Arendt geht mit dem schwelenden Judenhass offensiv um. Sie will verstehen. So knapp lautet ihr Lebensmotto. Die junge Frau beginnt ein Buch über die Jüdin Rahel Varnhagen, die Anfang des 19. Jahrhunderts in Berlin einen exemplarischen Kampf um Selbstbehauptung führte – als Jüdin und als Frau. Der Wechsel von der vita contemplativa, der weltdistanzierten Grübelei, zur vita activa, zu einer politischen Haltung in düsterer Zeit, führt in eine lebensbedrohliche Situation. Mehrere Tage verbringt sie in einem Berliner Polizeigefängnis. Es gelingt ihr, noch einmal davonzukommen. Ihre Flucht führt über harte Jahre in Paris nach Amerika. An ihrer Seite reist Heinrich

Blücher, der Ehemann und Freund ihres Lebens. Schnell macht sie Karriere als öffentliche Intellektuelle. Sie hält Vorlesungen an den bedeutendsten Universitäten des Landes und schreibt innerhalb weniger Jahre mehrere schwergewichtige Bücher, die nicht alle leicht zu lesen sind. Ihre Essays sind dagegen klar und verständlich. Die Themen schreibt der Zivilisationsbruch im 20. Jahrhundert vor: Sie fragt nach den Wurzeln des Totalitarismus und nach der Dimension des Bösen, das sich im Nazismus Durchbruch verschafft hat. Ihre eigenwillige Denkform brüskiert immer wieder Historiker wie Philosophen. Den Geschichtsforschern ist sie zu grundsätzlich, den Philosophen zu erfahrungsnah. Wieder einmal ist sie die „Denkerin der Lücke“. Es sind jedoch nicht die Themen, es ist die Perspektive, die sie wählt, um dem auf die Spur zu kommen. Hannah Arendt fragt mit großer Konsequenz danach, wer der Mensch noch sein könne angesichts von technischer Entfremdung, Massengesellschaft und organisiertem Massenmord. Die Klarheit der Gedanken ist für sie das Ergebnis der Heimatlosigkeit. Es ist die Distanz, die ihren Blick unerbittlich werden lässt. Was ist der Mensch angesichts der selbstverschuldeten Unfreiheit, in die er sich freiwillig und unter dem Banner des Fortschritts begeben hat? Und was bedeutet es, dass er trotzdem nicht aufhören kann, nachzudenken? Die europäischen Traditionen der Philosophie, der Bildung und des Geistes haben schließlich das Unheil nicht abwehren können. „In weniger als sechs Jahren zerstörte Deutschland das moralische Gefüge der westlichen Welt, und zwar durch Verbrechen, die niemand für möglich gehalten hätte, während die Sieger die sichtbaren Zeugnisse einer über tausendjährigen deutschen Geschichte in Schutt und Asche legten. Über Europa liegt ein Schatten tiefer Trauer." Ihre Analysen sind schonungslos, aber nie nihilistisch. Und sie sind erstaunlich hellsichtig. Auch die anderen Totalitarismen, allen voran den Kommunismus, lässt sie, anders als viele Linksintellektuelle, mit denen sie verkehrt, nicht links liegen. Das ist es, was ihr Denken bis heute so anstößig sein lässt. Dabei ist der Grundton ihrer Bücher melancholisch. Hannah Arendt nimmt unentwegt Abschied von den großen abendländischen Denkern, die sie aber doch nicht loslassen will und kann. Der Schritt von den Analysen der Vergangenheit zur Diagnose der Gegenwart ist nie weit. Heute liest sich so mancher Essay wie eine Prophetie: etwa, wenn sie nach dem amerikanischen Militäreinsatz in Vietnam beschreibt, wie die sogenannten „Denkfabriken" Weltpolitik als „Imagepflege" betreiben, für die jede Lüge und jede Täuschung recht sind. Die Pointe ihrer Kritik führt immer ins gleiche Problem: Wer das politische Handeln wie ein Gesetz aus den Entwicklungen der Geschichte ableitet und behauptet, etwa einen Krieg mit Notwendigkeit führen zu müssen, der hat die

Politik im anspruchsvollen Sinne schon verlassen. Denn Politik, so wie Hannah Arendt sie versteht, ist das Ringen um Möglichkeiten, die sich daraus ergeben, dass geschichtliche Tatsachen nie eindeutig sind. „Was die Problemlöser mit den Lügnern gemeinsam haben, ist das Bestreben, Tatsachen beiseite zu schieben." Spätestens hier erscheint eine theologische Spur im Denken der Hannah Arendt, die sie immer wieder aus der Interpretation biblischer Texte gewinnt. Menschsein, das heißt für sie, immer wieder und immer neu „anfangen können". Dieses zähe Ringen um den Möglichkeitssinn gegen jede fatale Deutung der Geschichte, die unter Zwang abläuft, lebt von der Kraft zweier Dimensionen menschlichen Handelns: vom Verzeihen und vom Versprechen. Nur, wenn Menschen beides üben, gibt es eine Zukunft. Verzeihen aber ist die Gegenkraft zum Vergessen. „Amnesie statt Amnestie, das ist das Grundübel unserer Zeit", resümiert sie. Deshalb wohnt im menschlichen Zusammenleben immer ein Moment des Agonalen, des durchaus heftigen Widerstreits, ohne den es keine Wahrheit gibt. Dieser öffentlich ausgetragene Streit ist für sie die Grundbedingung der Demokratie und die einzige Medizin gegen das erstarrte Freund-Feind-Schema, das oft das politische Handeln bestimmt. Hannah Arendt hat keine Angst vor der Fremdheit. Als Denkerin einer existenziellen Pluralität ist Fremdheit für sie Grundbedingung der Liebe und nicht Ausgangspunkt der Vernichtung. Vielleicht war sie deshalb so eine begabte Freundin. Ihre Freundschaften sind in großartigen Briefwechseln formuliert, die von der engagierten Kontroverse leben. Es ist nur konsequent, wenn ihr Ehemann einmal formuliert, was er mit ihr gelernt hat: „Ich habe wohl die Heimatlosigkeit voll erfahren und konnte immer sagen: Wo nur ich bin, da bin ich nicht zuhause. Dafür habe ich auch mir in dieser Welt hier, und nicht in einer überirdischen Zionsheimat, mitten in ihr, ein ewiges Zuhause gegründet durch die und die Freunde, so dass ich sagen kann: Wo einer oder einige von euch mit mir versammelt sind, da ist meine Heimat, und wo du mit mir bist, da ist mein Zuhause."

Ein deutsches Zeitmaß: Die Stunde null

Das Bild von der „Stunde null“ kommt nicht von der Kanzel. Keine zeitgemäße Übersetzung für den Dies Irae, den Tag des Herrn, auch keine geschichtstheologische Chiffre, die zusammenfasst, was in jenen Stunden, Tagen, Wochen und Monaten nach dem Ende des Zweiten Weltkriegs geschieht. Am Anfang steht ein nüchternes militärisches Zeitmaß. Der Zeitpunkt der bedingungslosen Kapitulation. Eine Feststellung. Mehr nicht.

Es sind zuerst die Literaten, die darin einen Sprachraum ausmachen, in dem so viel Unsagbares Platz hat. Den Nullpunkt der Geschichte gibt es nicht. Wie denn auch?

Die Weltgeschichte kennt so wenig eine Tabula rasa wie die eigene Biografie. Historiker haben detailliert beschrieben, dass die Wucht des Abbruchs längst nicht alles in den Abgrund gerissen hat. Die Rede von der Stunde null sollte das nicht verschleiern, ebenso wenig wie die Tatsache, dass diese Stunde sich zu einer Zeit von Jahren ausgedehnt hat. Der Erfolg des Bildes, das bis heute über großen Ausstellungen steht, ist seine Fähigkeit, kollektive Gefühle und millionenfache individuelle Erinnerungen auf eine Projektionsfläche zu spannen, ohne dass die genaue wissenschaftliche Analyse der Entwicklungen nach dem Zweiten Weltkrieg dahinter verschwände. Die historischen Einschätzungen haben sich verändert, die Projektionsfläche bleibt.

Die Stunde null. Die Suggestion einer auf das Maß von 60 Minuten verdichteten Zeit, die wie eine halbe Ewigkeit erscheint oder wie ein scharfer Augenblick, je nach Abstand. Hier ist Platz für gemischte Gefühle, für einen verdichteten Raum aus Furcht und Abstumpfung, aus reinem Überlebensinstinkt und großen Pathosformeln, aus brutaler Erschöpfung und Trauer, aus Erleichterung und Sorge vor der Zukunft, aus nackter Überlebensangst, tiefen Traumata und der Sehnsucht nach neuem Glück. Scham, eine Ahnung von Schuld, Dankbarkeit für das Noch-mal-davongekommen-Sein. Und oft nicht einmal das.

Viele Menschen erleben den „Nullpunkt der Geschichte“ erst einmal nicht als Einschnitt. Sie kämpfen um ein Stück Brot für ihre Kinder, suchen einen sicheren Ort zum Schlafen, bangen um Sohn oder Mann. Es ist nicht nur eine politische Ordnung zerbrochen, auch Weltanschauungen und Selbstbilder sind zerstört wie die Städte. Ruinenlandschaften, die wir von schwarz-weißen Fotografien kennen, mit leichtem Schaudern im Rücken, sind Wohnorte von Menschen.

Wenn angesichts der Zerstörung Berlins offen überlegt wird, die Stadt woanders neu aufzubauen, dann zeigt diese Diskussion ausschnitthaft, wie auf den Schuttbergen der Illusionen mitten im Überlebenskampf der Wille zum Neuanfang wach wird. Katastrophe oder Befreiung oder beides? Das sind Kategorien, die später auf diese Jahre gelegt werden. Die Formulierungen der Zeit sind hilfloser.

Gefangen in den alten Sprachschablonen und doch von der Ahnung neuer Möglichkeiten getrieben, predigt Mitte Mai 1945 ein Pfarrer in Norddeutschland: „Die Friedensglocken, mit denen wir den Frieden bejubeln, sind für den Krieg eingeschmolzen. Der Feind hat uns befreit." Wie dem Unsagbaren Ausdruck verleihen, wenn bis in die Sprache der Gebete nationalsozialistische Ideen eingewandert sind? Welch Abgrund der Zivilisation sich mit der Schoah mitten im eigenen Volk aufgetan hat, kommt erst viel später heraus. Doch Schuld und Umkehrbedürftigkeit sind schnell ein Thema. Die Stunde null, der Tag des Zorns, der sich in einen Tag der Gnade verwandelt.

Die Kirchen sind voll in jenen Wochen nach dem 8. Mai 1945. Sie haben keine Dächer und keine Orgeln, aber eine liturgische Sprache zur Verfügung, in die Menschen sich flüchten können. Oft geistlich unbehaust, religiös unbeholfen, sammeln sie sich in Massen vor Altären und treten vor erschöpfte Geistliche, die von Zorn, Buße und Gnade predigen. Die

Rede von der Stunde null wird zu einem zivilreligiösen Angebot einer versehrten Gesellschaft, die noch nicht weiß, wo sie hinwill und was die, die sie besiegten, mit ihnen vorhaben. Was Deutsche Deutschen angetan haben, weil sie Juden sind, wird beschwiegen, verdrängt, in den Keller des kollektiven Gedächtnisses verstaut. Die, die fehlen, sieht man nicht. Vergewaltigungen, Fronterlebnisse, Erfahrungen verschütteter Kinder – kein Wort darüber.

Die Stunde null wird auch zur Metapher für das Nichts, das sich in vielen Seelen sammelt, während Ärmel hochgekrempelt und physische Trümmer beseitigt werden. Die seelischen Trümmer werden verschlossen. Der erste, tastende Umgang mit der eigenen Schuld verläuft zwiespältig. Die Kirchen machen den ersten Schritt, mit einem Hirtenbrief im August melden sich die katholischen Bischöfe zu Wort. Sie beklagen, dass sich auch Katholiken von der falschen Lehre der Nationalsozialisten „betören" ließen. Die moralische Katastrophe erklären sie als Abfall vom Glauben. Frömmigkeit und Gebet empfehlen sie als Heilmittel gegen die alten Dämonen, die „aus der Tiefe der Hölle" heraufgekommen seien. Der neu gegründete Rat der evangelischen Kirche erklärt gegenüber Vertretern des Ökumenischen Rates der Kirchen: „Mit großem Schmerz sagen wir: Durch uns ist unendliches Leid über viele Länder gebracht worden … Wir klagen uns an, dass wir nicht mutiger bekannt, nicht treuer gebetet, nicht fröhlicher geglaubt und nicht brennender geliebt haben." Dieses Stuttgarter Schuldbekenntnis endet: „Die ganze Welt braucht einen Neuanfang." Das Bekenntnis wird unter deutschen Protestanten erregt diskutiert. Viele sehen sich durch die Besatzungsmächte geknechtet und kämpfen gegen die Entnazifizierung. Mit der theologischen Dämonisierung des Nationalsozialismus wird dieser zu einem äußeren Feind, einer bösen Schicksalsmacht, die über das deutsche Volk gekommen ist. Es gibt nur wenige, die das Gefühl deutscher Überlegenheit und die eilfertige theologische Verteidigung des Krieges beim Namen nennen.

Wie viel Einsicht braucht die Buße? Wie viel Selbstbetrug verbirgt sich hinter dem Versuch nach Aufrichtigkeit? Das Neue, das im möglichen Neuanfang steckt, erzeugt nicht nur Jubel, sondern auch Ängste, zumal die Verheißung des neuen Menschen in einer neuen Welt ja gerade brutal enttäuscht wurde. Welche Tradition ist nicht diskreditiert? Wem kann man trauen? Es ist nicht verwunderlich, dass ein uralter Mann wie Adenauer Vertrauen gewinnt, einer, der aus einer anderen Zeit kam. Die Stunde null wird deshalb zu einer Zeit vieler tastender Neuanfänge, in denen alte Traditionen wiederentdeckt werden. Ihre Entdeckung prägt Parteigründungen und die Verhandlungen um eine neue Verfassung, sie prägt die Neuordnung der Medien und der Kirchen.

Die Stunde null ist ein deutsches Zeitmaß geblieben. Bis in die gegenwärtige Gedenkindustrie aus Filmen, Ausstellungen, Symposien und kirchlichen Akademietagungen bleibt der Blick auf die europäischen Nachbarländer eher beiläufig. Oder den Geschichtsexperten vorbehalten. Anarchie und Gewalt dehnten sich nach dem 8. Mai 1945 vor allem in Osteuropa aus. Juden wurden weiter verfolgt, Minderheiten drangsaliert. Im Vorraum der neuen Diktaturen herrschte unfassbares Leid. Wieder einmal wurde „der Mensch dem Menschen ein Wolf". Europa verwandelte sich nicht in einen Friedensraum, sondern in einen „wilden Kontinent". Der Historiker Keith Lowe hat darüber ein bewegendes Buch geschrieben.

Aus dem Rückspiegel des Gedenkens wird das deutsche Gefühl seziert, Schuld, Scham und die stete Suche nach angemessenen Formen der Verantwortung gehören zum guten Ton einer geschichtsbewussten Gesellschaft, ebenso wie die Kultivierung des „Nie wieder!". Längst gibt es eine Erforschung des Lebens von Kriegskindern und Kriegsenkeln. Über Flucht und Vertreibung der Deutschen kann heute sachlich und differenziert veröffentlicht werden. Die großen Institutionen, von den Kirchen über die Wissenschaftsverbünde bis zum Auswärtigen Amt, haben ihre Rolle in der NS-Zeit erforscht. Die Rolle der Wehrmacht und die Rolle von Ärzten, von Theologen und von Künstlern ist gründlich beschrieben. Historische Mikrountersuchungen werden debattiert, und dickleibige Geschichtserzählungen erreichen regelmäßig die vordersten Positionen in den Bestsellerlisten. Auch der gesellschaftliche Seelenzustand ist oft diskutiert worden, vor allem die Neigung, sich als „gefühltes Opfer“ zu verstehen. Opfersein verspricht politische Aufmerksamkeit.

Das Interesse an der frühen Phase der Bundesrepublik ist groß. Wie sind wir geworden, was wir wurden? Wie konnte es in so kurzer Zeit gelingen, dass aus einem Teil von Deutschland ein freies, reiches Land geworden ist, das eine wichtige Rolle beim Aufbau der europäischen Friedensordnung bekam?

Die Rede vom „Wunder“ muss nicht nur auf die Wirtschaft angewandt werden. Selbst wenn alle Faktoren analysiert und alle Zusammenhänge aufgedeckt sind: Es bleibt dieser Überschuss, das Erstaunliche, das, was die Kirche mit dem Begriff der „Gnade“ fasst, die dankbar macht.

Es bleibt ein Danklied mit bitteren Strophen. Über die Entstehung der DDR und der kommunistischen Gewaltherrschaft ist weniger bekannt. Doch die Stunde null hat die ganze Welt aus den Angeln gehoben. Als in Deutschland schon ein neues Grundgesetz galt, in dem die Menschenwürde der Freien und Gleichen Verfassungsrang bekam, lebten anderswo Menschen weiter in Chaos und Gewalt. Folgesfolgen des Krieges, die im öffentlichen Gedenken keine Rolle spielen. Die Zeit nach der Katastrophe wird weiter als nationaler Nullpunkt wahrgenommen, ein kollektiver Erinnerungsort, in dem Deutsch gesprochen wird.

Wie erlebten die Polen die Jahre nach dem Krieg? Und wie die Balten? Oder die Griechen? Was geschah in Nordafrika? Wie erging es den Überlebenden der Schoah auf einem manövrierunfähigen Dampfer im Mittelmeer? Siebzig Jahre sind keine lange Zeit. Die Dauer eines Menschenlebens. Wer verstehen will, warum die Welt so aus den Fugen ist, die doch in der alten Bundesrepublik noch so fein zusammengefügt zu sein schien, muss auch zurückgehen in diese Zeit. Die Stunde null war für uns Deutsche eine zu Jahren gedehnte Zeit eines Neuanfangs, der mindestens ebenso wie durch politisches Kalkül und materielle Hilfe auch durch die Gabe des Verzeihens der Nachbarn ermöglicht wurde. Dass es ein vereintes Europa gibt, ist mehr als eine Kitschformel aus dem Arsenal von Sonntagsreden. Deshalb ist es, bei all den Webfehlern der europäischen Union, auch fahrlässig, den europäischen Frieden kleinzureden oder für selbstverständlich zu nehmen. „Dankbarkeit" lässt sich nicht eins zu eins in Politik übersetzen. Dankbarkeit, die aus der präzisen Erinnerung kommt, kann aber die Haltung prägen, aus der wir Deutschen uns in dieser Welt engagieren.

Verletzte Gefühle: Der Ehrdiskurs um die Kunstfreiheit

Im Frühling 1928 kommt es vor dem Landgericht in Berlin-Charlottenburg zu einem geschichtsträchtigen Prozess. Der Maler George Grosz muss sich wegen des Vorwurfs der Gotteslästerung verantworten. Das Bild, das Anlass für diese Anklage ist, geht noch heute unter die Haut. Manche haben es vielleicht vor Augen: ein sterbender Christus am Kreuz, die Gasmaske vor dem Gesicht. Der leidende Christus in der Montur eines einfachen Soldaten aus dem Ersten Weltkrieg. Die Bildunterschrift dieser modernen Passion: „Maul halten und weiter kämpfen". Was sich nun zwischen dem Gericht, der Öffentlichkeit, der Kirche, dem Künstler und den intellektuellen Beobachtern der Zeit abspielt, ist eine Studie zum Konflikt zwischen Kunst, Meinungsfreiheit und Religion wert. Drei Jahre und durch fünf Instanzen kämpft der Künstler für seine Freiheit in der Darstellung des Christusbildes, während das Gericht seinen Blasphemievorwurf auf Druck der Öffentlichkeit noch verschärft. Grosz wehrt sich aber auch immer wieder gegen den Verdacht, er wollte den christlichen Glauben beleidigen. Gotteslästerung oder eindringliche Kritik an der Kriegstreiberei der Kirche? Verletzt das Bild die religiösen Gefühle der Christenmenschen oder stellt diese moderne Kreuzigungsszene die kritische Ursprungsaussage des Christentums gegen ihre Verfälschungstendenzen allererst her? Ist die Bildunterschrift als Ausspruch des Gekreuzigten zu verstehen oder als zynischer Kommentar der Schaulustigen unter dem Kreuz? Ist das Ensemble aus Bild und Text eine unverschämte Parodie oder eine ausdrucksstarke Mahnung, die aus der Verstörung der Betrachter gutartige Aufmerksamkeit gewinnen will? Der Fall Grosz ist deshalb so aufschlussreich, weil während des Prozesses unermüdlich über die Bedeutung des Bildes gestritten wird. Geht der Künstler zu weit? Die Frage, die wie ein Banner über dem Verfahren hängt, wird nicht gestellt, sie wird quasi aufgeführt, auf der öffentlichen Gerichtsbühne und im Spektakel öffentlicher Meinungsäußerungen. Was darf die Kunst im Umgang mit Religion? Wo verlaufen die Grenzen zwischen ästhetischer Religions- und Kirchenkritik, zwischen der eigensinnigen künstlerischen Auslegung religiöser Sujets, Bildtraditionen und Gehalte einerseits und der Verhöhnung der Religion andererseits? Wie viel Satire verträgt die Religion? Wo läuft Kunst zu Recht Sturm gegen problematische religiöse Festlegungen und Interpretationsverbote, um so den verschütteten Sinn religiöser Grundfragen aus dem Geröll bürgerlicher Gewohnheiten zu befreien, und wo spielt sie, um der Effekte willen, leichtfertig und unernst mit Stoffen, die Menschen der letzte Sinn im Leben und im Sterben sind? Können Künstler sich auf eigensinnige Weise an der Auslegung der christlichen Botschaft beteiligen oder sind ihre provokanten Interpretationen per se illegitim? Und wo verläuft die Grenze zwischen kalkulierter Kritik und der reinen Lust an der Provokation, bei der die öffentliche Erregung nicht nur billigend in Kauf genommen wird, sondern die Erregung selbst das Ziel der Aktion ist?

Kein Geringerer als Kurt Tucholsky begleitet den Prozess gegen George Grosz mit kontinuierlichen Gerichtskolumnen in der Weltbühne. Der Fall Grosz steht in der Kunstgeschichtsschreibung für den zähen Kampf um künstlerische Freiheit. Auch in der Theologie schrieb der Fall Geschichte. Er steht für den Streit um das moderne Christusbild im 20. Jahrhundert. Am Schluss kommt der Maler noch einmal davon. Nicht lange. Anfang der Dreißigerjahre muss er mit der Machtergreifung der Nationalsozialisten das Land fluchtartig verlassen. Der streitbare Künstler ist nun der Inbegriff der „Entarteten Kunst". Jetzt ist nicht mehr das Christentum beleidigt, jetzt verletzt seine Kunst das Deutschtum. Fünfzig Jahre später ist der Blasphemieparagraph abgeschafft. Wie sollte der weltanschaulich neutrale, säkulare Staat auch entscheiden können, was eigentlich nur theologisch, also aus der reflektierenden Innenperspektive der Religion heraus, recht zu beurteilen gewesen wäre? Das Problem der Blasphemie schien selbst zu den Geschichtsakten gelegt zu sein, wie der alte Paragraph. Das hat sich dramatisch geändert. Seit dem Karikaturenstreit um die Darstellung Mohammeds verschärfen sich nicht nur die Konflikte zwischen Kunstfreiheit, Meinungsfreiheit und Religion. Die Konflikte werden, wie im Falle von George Grosz, nicht nur zunehmend vor Gerichten ausgetragen. Sie erhalten auch große mediale Aufmerksamkeit. Der Streit um das, was geht, wird zum Medienereignis. Mit dem großen Unterschied, dass wir nun in Echtzeit dabei sind, wenn wegen einer Karikatur in einer dänischen Tageszeitung Autos in Afrika brennen. Mit dem Mord an Theo van Gogh begann nicht nur in den Niederlanden eine Debatte darüber, ob die Gefühle religiöser Menschen nicht besser geschützt werden müssten. Der Provokateur, der nicht nur durch Geschmacklosigkeiten gegen Muslime aufgefallen war, wurde hinterrücks ermordet. Der Zettel auf dem zerschmetterten Leib verkündete das Todesurteil: „Blasphemie". In den vergangenen Jahren kamen allein in Deutschland eine stattliche Anzahl medial genüsslich inszenierter Konflikte zusammen. Und die betrafen nicht nur Muslime. Vergessen sind sie ebenso schnell, wie sie die Gemüter erregt haben. Manche Skandale sind dagegen stumm. Sie finden ganz im Schatten statt, wo keine Kamera hin will. Wie etwa die Rede der

Islamwissenschaftlerin Christine Schirrmacher über den politischen Islam in Europa. Diese Rede wurde gar nicht erst gehalten, weil muslimische Funktionäre sie unterbinden ließen. Die Fälle haben nur auf den ersten Blick nichts gemeinsam. Auf den zweiten Blick gibt es zwischen ihnen einen unheimlichen Konsens. Im Zentrum steht nämlich das religiöse Gefühl, das verletzt ist. Nie waren religiöse Gefühle so öffentlich wie zurzeit. Gefühle mögen, wie der große evangelische Theologe Friedrich Schleiermacher 1799 in seinen „Reden über die Religion" formulierte, einmal eine „eigene Provinz" im Gemüte gewesen sein, hochgradig individuell und so subjektiv, wie eine persönliche Gottesbeziehung nur sein kann. In den neuen Konflikten um die Grenzen dessen, was über Religion gesagt oder gezeigt werden darf, treten sie anders auf: als kollektive Erregungszustände und als gemeinschaftliche Empfindlichkeiten, auf die man sich mit Macht bezieht. Die verletzten Gefühle werden zu Instrumenten der politischen Durchsetzung von neuen Tabuzonen, die mit der eigenen Religionsfreiheit begründet werden. Wer fühlt, hat recht. Die Gefühle, die verletzt sind, brauchen nicht einmal eine argumentative Erklärung. Was beleidigt und warum, muss nicht erläutert werden. Es reicht der empörte Hinweis auf die beleidigte Seele, und schon ist der Skandal da. Diese Entwicklung vollzieht sich allmählich, sollte aber Grund zur Sorge sein. Die neue Lust an der Eskalation verschärft nämlich die Konflikte einer multireligiösen Gesellschaft. Da ist die Frage, ob und wie der Staat und das Recht auf diese Konflikte reagieren sollen, vielleicht noch das kleinere Problem. Wie reagiert die Gesellschaft? Wie reagieren wir, wie reagieren evangelische Christen, wenn sie mit Äußerungen konfrontiert werden, die sie ins Mark treffen, die sie ärgern, erschüttern oder verletzen? Möglicherweise hilft ein nüchterner Blick zurück. Als vor einigen Jahren ein gezielt antiklerikales Kinderbuch auf den Markt kam, gab es massiven Einspruch von Vertretern beider Kirchen. Die Gotteswahnkrieger, die sich mit ihren scharfen Angängen gegen die Religion schon auf der Bestsellerliste für erwachsene Leser einen Siegerplatz erkämpft hatten (Richard Dawkins u.a.), hatten es nun also auch auf die Kleinen abgesehen. Sogar in der Politik wurde ein Verbot diskutiert. Die Macher des Buches rieben sich die Hände. Die Kampagne für ihr Buch hätten sie sich nicht besser wünschen können. So schaffte es ein schlecht gemachtes Buch mit dummen Texten und laienhafter Illustration, verlegt von einem winzigen und unbekannten Verlag, auf Anhieb in die zwanzigste Auflage. Man kann davon ausgehen, dass nicht Kinder die Buchläden stürmten. Dieses Buch, das selbst Kinderbuchkritiker, die nichts mit Religion im Sinn hatten, als „Machwerk“ bezeichneten, wäre ohne die öffentliche Erregung niemals bekannt geworden. „Seine Gefühle zu unterdrücken, hilft aber auch nicht. Davon bekommt man Magengeschwüre und schlechte Laune", mag jetzt jemand einwenden. „Warum soll es ein Privileg der Muslime sein, verletzte Gefühle zu artikulieren?" Schnell kommt der Verdacht auf, das Christentum hätte sich in Europa mit allen niveauvollen und niveaulosen Formen des Spotts abgefunden und seine Betroffenheit in sich hineingefressen. Dabei wäre es verkrümmt und stumm geworden.

In der Tat liegt eine neue Herausforderung darin, das, was Christinnen und Christen mit dem christlichen Glauben verbinden, auch öffentlich verständlich zu machen. Wer kennt noch die Bedeutung des Kreuzes oder den Sinn des Sonntags? Manch ein vermeintlich blasphemischer Akt verdankt sich schlicht der Unwissenheit. Ein Christentum, das sich seiner Herkunft gewiss ist, kann aber auch nachdenklich fragen, was mit einer Gesellschaft passiert, deren Mitglieder sich wechselseitig verletzte Gefühle vorwerfen. In dieser Gesellschaft herrscht nämlich genau genommen ein vormoderner Ehrdiskurs, der zu keiner Relativierung mehr fähig ist und keine Konsense zu finden bereit ist. Verletzte Ehre verlangt nach Genugtuung. Die Kategorie der Ehre ist aber nicht individuell. Sie ist eine Kategorie, die sich ursprünglich auf Sippe und Familie und heute zunehmend auf Gruppen und Gemeinschaften bezieht. Im Western ist die Sache klar: Auf Beleidigung folgt Gegenbeleidigung, auf gekränkte Ehre eine Ge-

genkränkung – und dann kommt das Duell. Die große Literatur des ausgehenden 19. Jahrhunderts stellt das Duell in den Mittelpunkt, ein Symbol für eine untergehende Welt. Wir ach so Modernen mögen uns die Augen reiben, aber dieser Mechanismus greift wieder mehr Raum. Der allgegenwärtige Ehrdiskurs fällt nicht so auf, wenn wir die Antwort auf eine Kränkung oder Beleidigung dem Staat und seinen Gerichten überlassen. Noch nehmen die, die ihre Ehre verletzt sehen, ihre Genugtuung nur selten selbst in die Hand. Mordanschläge oder Drohungen sind der Ausnahmefall. Die hinterhältigen Morde an der Redaktion des antiklerikalen französischen Karikaturenmagazins Charlie Hebdo zeigt aber, dass Mord und Terror sich ebenfalls auf Ehrverletzung und Blasphemie berufen. Indes zeigt die verbotene Rede von Christine Schirrmacher, wie sehr Angst und die Vorwegnahme möglicher Folgen inzwischen auch unser Handeln regieren. Kunst rüttelt an Tabus. Reden können provozieren, Bilder ans Allerheiligste rühren. Doch mit der Rhetorik der verletzten Gefühle kommt ein Prozess in Gang, den der Historiker Timothy Garton Ash als „Tyrannei des Gruppenvetos“ bezeichnet hat. „Man vereinige alle Tabus und man erhält eine gewaltige Herde heiliger Kühe. Nun lasse man den verschreckten Kindermädchenstaat all diese Tabus in neue Gesetze oder bürokratische Verbote einschließen, und heraus kommt ein drastischer Verlust an Freiheit.“ Das ist spitz formuliert. Mit einem bösen Unterton, der aus der Sorge erwächst. Meinungsfreiheit und Kunstfreiheit mögen nicht nur für religiöse Menschen bisweilen eine arge Zumutung sein. Deshalb ist die offene Debatte über das, was geht, nicht überflüssig. Deshalb gibt es Formen freiwilliger Selbstverpflichtung in Werbung und Medien. Die Debatte ist nötig. Davon lebt eine offene Gesellschaft. Aber sie braucht eine Verwandlung von Gefühlen in Argumente – im besten Fall die Einsicht, dass in einer offenen Gesellschaft Hemmschwellen und Tabus je an unterschiedlichen Stellen fixiert werden. Die Sehnsucht nach Verboten mag eine Emotion sein, die der Verletzung so etwas wie einen Ausgleich verschafft. Für den Moment. Doch was folgt dann? Wer den Gedanken des Verbotes zu Ende denkt, der endet zwangsläufig bei der Zensur. Zensur aber ist die größte Gefahr der Freiheit. Und: Das Verbot, das ich bei anderen fordere, kann über kurz oder lang auch mich selbst erwischen. Gegen die Überwältigung durch den eigenen Affekt ist ein Blick in die gute alte Tugendlehre vielleicht das Gebot der Stunde. Tugenden helfen gegen die innere Aufgeregtheit. Sie besänftigen den heißen Affekt und regeln die Lust zur unmittelbaren Reaktion. Das wussten schon die antiken Tugendspezialisten. Deshalb erklärten sie die Tugenden zu Haltungen, die das öffentliche Leben menschlicher und freier machten. Tugenden suchen den Weg aus der Angst, die da wächst, wo man nur noch wechselseitig auf der Hut ist. Besonnenheit etwa oder das rechte Maß verschaffen für den Moment Distanz vom eigenen Gefühl. Die Kränkung ist nicht mehr ganz so stark, wenn Überlegung und Nachdenklichkeit der eigenen Aktion vorgeschaltet sind. Respekt und Freimut, aber auch Gelassenheit und Humor könnten die neuen Tugenden werden, mit denen sich unsere Gesellschaft aus den Fängen der Angst und der Gruppenerregung befreit. Verletzte Gefühle haben übrigens auch eine Geschichte. Wie die Geschichte der Bilder von George Grosz. Heute finden sie sich in beinahe jedem Religionsbuch.

Christliches Abendland? Religion und Säkularität in Europa

Eines ist sicher: Die glatte These vom allmählichen Verschwinden der Religion im Prozess der Modernisierung hat sich als falsch erwiesen. Einmal abgesehen davon, dass im Weltmaßstab die religiöse Lage in Europa geradezu als Sonderfall bewertet werden muss, weil das Maß der religiösen Bindungen auch in den außereuropäischen Gesellschaften eher zugenommen hat – die USA waren lange das aus europäischer Perspektive frappierende Beispiel, obwohl nun auch dort Traditionsabbrüche zu bemerken sind und die Zahl der „non-beliefer“ steigt, gilt auch für Europa, dass Religion keineswegs im Verschwinden begriffen ist. Länder wie Polen und Irland sind in den letzten Jahrzehnten seltsam unberührt von Entkirchlichungsprozessen gewesen. In vielen postkommunistischen Ländern gibt es eine Neubelebung der traditionellen Religionsformen, vor allem der orthodoxen Kirche. Allerdings ist der Prozess des „deestablishment“ der Kirchen in vielen europäischen Ländern weit vorangeschritten, nicht zuletzt nach drastischen Veränderungen der religionsverfassungsrechtlichen Rahmenbedingungen, etwa in Schweden mit der Abschaffung der Staatskirche.

Auch Ostdeutschland hat nach dem Wegfall staatlicher Religionsrepression nicht an alte religiöse Traditionen anknüpfen können. Zwei totalitäre Systeme mit eigenem Weltdeutungsanspruch und rigider antichristlicher Politik haben hier nicht nur das gesellschaftliche, sondern auch das familiale und individuelle Gedächtnis religiöser Traditionen ausgemerzt. Doch von flächendeckender Desakralisierung sollte man besser nicht sprechen, geht diese Unterstellung doch von so etwas wie einem allgemein konstatierbaren Wendepunkt in Sachen Religion aus. Blickt man auf den gesamten europäischen Raum, so hat Religion sich mit Macht zurückgemeldet als sichtbares Phänomen in der Öffentlichkeit. Religion ist wieder Thema, und zwar auf ganz unterschiedlichen Ebenen und mit durchaus disparaten Gründen, die nicht zu schnell aufeinander bezogen werden sollten.

Der soziologisch nachweisbaren Sehnsucht nach Spiritualität und geprägten Rückzugsräumen, in denen der Kampf um Selbstbehauptung zum Stillstand kommt, entspricht eine sehr kontrovers ausgetragene Debatte um die Grundlagen der freiheitlich demokratischen Gesellschaften, die selbst an dem laizistischen Frankreich nicht vorbeigeht. Die Kontroverse, die über Fragen der Religion in verschiedenen europäischen Gesellschaften ausgetragen wird, entspringt nicht nur der Einsicht, dass Religion nicht verschwindet, was Korrekturen in den Modernekonzepten zur Folge hat. Die Kontroverse wird letztlich in die Religion selbst verlegt, weil Religion als hochgradig ambivalentes Phänomen in den Blick gerät. Ihre lebensstabilisierenden, normgenerierenden und kontingenzminimierenden Aspekte werden kontrastiert durch ihr Potenzial zu Gewalt und zur Selbstabschließung. Ihre kulturprägenden Kräfte erhalten so in der öffentlichen Analyse einen kulturzerstörenden Antagonisten.

Die positiven Erwartungen an die öffentliche Seite der Religion werden in Deutschland als Streit um das Theorem des Verfassungsrechtlers Ernst-Wolfgang Böckenförde ausgetragen: Lebt der freiheitlich-demokratische Staat von Voraussetzungen, die er selbst nicht garantieren kann? Und, wenn ja, speisen sich diese Voraussetzungen aus der Religion, ja, wie gegen Böckenförde kurzgeschlossen wird, aus dem Christentum? Hier werden in hohem Maße Fragen kultureller Tiefengrammatik relevant. Wie sehr sind Grundvorstellungen des Christentums in säkular übersetzter Form eingegangen in unsere Verfassungs- und Lebensordnungen, etwa die Sakralität der Person oder die religionsoffene Abschluss- und Grenzfigur des Grundgesetzes, der unbedingte Schutz der Menschenwürde? Und was lässt sich von diesem geschichtlichen Prozess aussagen? Ist gar, wie der Politikwissenschaftler Herfried Münkler konstatiert, das Grundgesetz – und auch eine zugegebenermaßen in weite Ferne gerückte europäische Verfassung – so etwas wie ein verbindlicher Tugendkatalog und damit eine von starken Überzeugungen geprägte Zivilreligion diesseits des Rechtes, die den schnöden Verfassungspatriotismus eines Jürgen Habermas ersetzt? Oder ist schon dieser Gedanke problematisch, weil er letztlich staatliche Macht und religiöse Bindung identifiziert?

Nicht immer geht mit der neuen Sichtbarkeit der Religion auch ein geregelter Öffentlichkeitsanspruch einher. Die religionspolitische und kulturelle Integration des Islam, dessen uralte Beheimatung in Europa zu den verleugneten oder vergessenen Großerzählungen der europäischen Kulturgeschichte gehört, ist als Religion der Migrantengemeinschaften die vermutlich größte Herausforderung der europäischen Gesellschaften. Es sind dabei nicht nur die wachsenden Zahlen der Muslime, sondern vor allem die andere, bis in die alltäglichen Lebensvollzüge relevante Religionskultur, die die westlichen Gesellschaften provoziert. Das erkennt man an der zunehmenden Zahl der Streitfälle, die nicht nur vor den nationalen, sondern auch vor europäischen Gerichten ausgetragen werden: Verstößt das Schächten gegen den Tierschutz? Darf eine Lehrerin in der Schule Kopftuch tragen? Darf eine Schülerin mit der Burka den Unterricht besuchen? Ist getrennter Sportunterricht ein Gebot der Religionsfreiheit? Müssen Arbeitgeber Räume für die täglichen Gebetsrituale schaffen? Die Antworten der Gerichte sind hoch widersprüchlich und selbst Ausdruck einer Suchbewegung.

Tritt man einen Schritt zurück vor der Heftigkeit der ausgetragenen Debatten, so wird deutlich, dass in der Interpretation des Phänomens Religion in Europa zwei große Gründungsmythen miteinander streiten, die als solche eher latent bleiben: Der eine Gründungsmythos setzt ganz auf die Idee der Säkularisierung, hier gefasst als Trennung einer religiösen und einer weltlich-politischen Sphäre, die humanitätsstiftend war – und aus dem Christentum selber entspringt. Dieser Gründungsmythos hat jedoch sehr unterschiedliche Varianten ausgeprägt. In der einen Variante liegt das Besondere der europäischen Geschichte darin, die religiösen Grundkräfte zu weltlichen Antrieben modifiziert zu haben. Max Webers These vom Ursprung des Kapitalismus aus dem Geist des Protestantismus ist ein herausragendes Beispiel dafür. Die Gegenentwürfe, die die gleiche These auf den Katholizismus bzw. die religiösen Orden oder auf das Judentum beziehen, sprechen eher für als gegen die Macht dieser Vorstellung. Das religionskulturelle Erbe ist in dieser Perspektive gerade in der Verweltlichung der Religion zu sehen. In der anderen Variante gilt das Trennungsregime eher dem Autonomiegedanken der einen oder der anderen Sphäre, je nach Ausprägung wird so entweder die Religion vor politischen Ansprüchen oder der Staat von religiösen Ansprüchen befreit. Die Trennung von Staat und Religion ist so für die einen die Geburt der Religionsfreiheit, für die anderen die Möglichkeit der Freiheit von Religion. Bis in die Rechtskonzepte lassen sich diese Modelle identifizieren: Frankreich legt Wert auf die letztere Interpretation, Deutschland auf die erstere. So kommt es, dass die Vorstellungen, was sich mit der Säkularität etwa der Verfassung verbindet, in Europa so unterschiedlich sind, weil unter dem Säkularisierungsprozess etwas sehr anderes verstanden wird. Religionspolitik der Gegenwart ist in hohem Maße von der Produktion von Geschichtsbildern geprägt. Diese Unterschiede sind keineswegs rein theoretischer Natur, sie bestimmen bis heute die vielen Missverständnisse in den Debatten um den Gottesbezug in der Präambel einer möglichen europäischen Verfassung. Es wäre deshalb hilfreich gewesen, wenn man sich im politischen Streit gegenseitig aufgeklärt hätte über die latenten Grundverständnisse und Bedeutungsgeschichten, die man voraussetzt. Nur so kann man erklären, wieso in dem einen Verfassungskonzept die Weltanschauungsneutralität des Staates zu einer prinzipiellen Religionsoffenheit mit staatlicher Förderung wie dem Körperschaftsstatus, dem Religionsunterricht in öffentlichen Schulen usw. kommt, während im anderen Konzept Religion ausschließlich in der privaten Sphäre eine Rolle spielt – oder sollte man sagen: spielte? Auch laizistische Staaten sind ja augenblicklich durch den Islam mit einer ins Öffentliche drängenden Religionskultur konfrontiert. Eine dritte Version dieser Gründungsfigur hat sich in den postkommunistischen Staaten herausgebildet. Unter der staatlich verordneten Repression der freien Religionsausübung konnte Religion zum Rückzugsraum vor den Zumutungen der Weltanschauungsdiktaturen wie zum Motor von Freiheitsbewegungen werden. In unterschiedlicher Weise gilt das etwa für die Solidarność-Bewegung in Polen, die ohne den Katholizismus nicht zu erklären wäre, oder für die christlichen Gemeinden im Osten, die nicht nur Rückzugsort, sondern auch Widerstandsort gegen das Regime werden konnten. Christen wurden hier zu Vorboten freiheitlich-demokratischer Leitvorstellungen und zu entscheidenden Akteuren der friedlichen Umstürze. Diese Freiheitserfahrungen, die sich an die Religionskultur binden, finden in den gegenwärtigen europäischen Debatten viel zu wenig Aufmerksamkeit.

In der anhaltend drängenden Frage nach dem, was als europäische Leitkultur rangiert und in Wahrheit wohl die fällige, vielleicht sogar auf Dauer zu stellende Debatte um das kulturelle Selbstverständnis angesichts einer sich dramatisch verändernden Weltlage ist, fehlt der Verweis in keinem Beitrag auf das „christliche Abendland", und sei es nur, um den Begriff zu perhorreszieren. Vor einiger Zeit hat der jüdische Europarechtler Joseph Weiler, der in Florenz und New York lehrt, den Europäern vorgeworfen, sie seien „christophob" und reagierten mit unverständlichem Selbsthass auf ihre religiösen Traditionen und versuchten beinahe zwanghaft, den Verweis auf das Christentum zu vermeiden. Sicher hat der Provokateur etwas Wahres getroffen. Vielleicht erklärt diese Angst vor den christlichen Prägungen auch die Sehnsucht nach nationalreligiösen und theopolitischen Programmen bei den Europakritikern, eine gefährliche Regression, weil sich hier Christentum und Nation so überlagern, dass aus der religionskulturellen Prägung eine antiliberale Ideologie wird, die gegen alles Fremde und Andere in Stellung gebracht wird – als wäre Europa je homogen gewesen. Die möglicherweise ungesunde Vorsicht oder mangelnde Souveränität im Umgang mit christlichen Traditionen und Überzeugungen in der Öffentlichkeit haben vermutlich ihre Ursache in mindestens einer anderen Gründungsfigur, die ursächlich mit der Geschichte Europas verbunden ist: Das christliche Abendland war der geopolitische Raum verheerender religiöser Bürgerkriege und rabiater religiöser Intoleranz. Die Heraufkunft des modernen Staates als ultimative Befriedungsinstanz der Religionskonflikte – diese These gehört vielleicht zu den stabilsten Großerzählungen Europas. Dazu kommt ein tief verwurzelter Antijudaismus, der seit dem 19. Jahrhundert nicht nur in Deutschland mit menschenverachtenden Formen des Rassenhasses einen Pakt einging. Diese schreckliche religiöse Spur führt bis zur Schoah, auch wenn der Zivilisationsbruch in der Mitte Europas viele andere Wurzeln hat. Der zivilitätsstiftenden Kraft der Religion begegnet so immer eine unmenschliche Fratze. Vielleicht ist von hier aus auch die radikalisiernde Dynamik zu verstehen, wenn in Europa über die Rolle der Religion gestritten wird. Der, der auf diese religiöse Blutspur verweist, hat immer ein schlagendes Argument. Die Spannung zwischen beiden Momenten kann natürlich nicht ermäßigt werden, die Europäer stehen jedoch, das ist das Argument von Joseph Weiler, in der Gefahr, diesem Erbe eine Monopolstellung einzuräumen.

Die Bezugnahme auf das abendländische Erbe sollte allerdings auch nicht darüber hinwegtäuschen, dass der Verweis auf die Kategorie des Abendlandes nicht unschuldig sein kann. Über einen Zeitraum von zweihundert Jahren war die Rede vom christlichen Abendland schlicht ein politischer Kampfbegriff, mit dem sich eine ultrakonservative Utopie verknüpfte. Die Bilder dieser Utopie mögen sich zwischen dem Dichter Novalis und dem Staatsrechtler Carl Schmitt in vielem unterscheiden, eine Leitvorstellung verbindet sie mit britischen oder französischen Abendlandidealisten: die Vorstellung eines utopischen Imperiums, ausgezeichnet durch eine starke Ordnung, die auf äußere Einheit und innere Einheitlichkeit drängt und sich über Abgrenzung bestimmt. Seine kulturelle Grammatik ist lateinisch, romanisch und katholisch, auch wenn Teile des konservativen Protestantismus sich dieser Leitvorstellung anschließen. Oft ist das, was sich mit dem Abendländischen verbindet, antihumanistisch, antidemokratisch, antiamerikanisch und oft genug antisemitisch. Das christliche Abendland wurde im 19. und 20. Jahrhundert vor allem da beschworen, wo man den Zumutungen der Moderne Einhalt gebieten will. Kriegerische Eskalationen und apokalyptische Weltbilder gehören zu diesem Abendlandkonzept ebenso wie die Ausgrenzung des Fremden und ein kulturelles Überlegenheitsgefühl. Wer heute Europa in den Horizont des Abendlandes und seiner Werte stellen will, der sollte sich der Resonanz bewusst sein, die dieser Begriff evoziert. Wer Europa mit dem christlichen Abendland identifiziert, der ist deshalb in besonderer Weise auskunftspflichtig, da im größer werdenden Europa nicht nur kyrillische Buchstaben, sondern auch ostkirchliche Traditionen eine Rolle spielen. Deshalb ist an dieser Stelle vehement an eine Selbstverständlichkeit zu erinnern: Die kulturelle Gestalt kann ebenso wenig wie seine politische Form ausschließlich aus christlichen Wurzeln erklärt werden. Es ist vielmehr gerade die Pointe einer Genealogie des Europäischen, dass es sich mehreren Quellen verdankt. Rom, Athen und Jerusalem mögen für die mächtigsten geistigen Strömungen stehen: Den Griechen verdanken die Europäer den Geist der Philosophie, den Aufbruch der Wissenschaft und die Offenheit für Künste – ein

Erbe übrigens, das zu wesentlichen Teilen der mitteralterliche Islam in die Neuzeit gerettet hat. Den Römern verdankt Europa die Stiftung der Rechtsordnung, den Sinn für politische Einheit und gestaltete Herrschaft. Jerusalem schließlich verdankt Europa die Bibel. Doch selbst diese markanten Symbole lassen viele Einflüsse unterbelichtet. Man kann vermuten, dass die kontroversen Dynamiken in Sachen Religion eher ein allgemeines Phänomen sind, das sich auch auf andere Bereiche erstreckt. Europa verdankt sich dem hoch dynamischen Umgang mit gezähmten und immer wieder zu bändigenden Widersprüchen.

Deshalb ist auch das „christliche Abendland“, wenn man genauer hinsieht, ein Raum des steten Kulturaustausches. Die durchlässigen Grenzen wurden dabei zu jeder Zeit als Bedrohung und als Chance begriffen. So lösen etwa die Türken vor Wien apokalyptische Ängste aus, während gleichzeitig die christliche Mystik, das zeigt die neuere Forschung, in ihrem Kern durch die islamische Mystik beeinflusst ist. Ähnlich kompliziert ist das Verhältnis von Judentum und Christentum. Neben der jahrtausendelangen Ausgrenzungsgeschichte gibt es eine Gegenerzählung unentdeckter wechselseitiger Beeinflussungen, der immer noch zu wenig Aufmerksamkeit verliehen wird.

Das christliche Abendland als Raum des regen Kulturaustausches zu rekonstruieren, ist wohl eine der größeren kulturellen Aufgaben, wenn es gilt, dass Geschichte Zukunft schafft.

Diese Beispiele sollen nur als Hinweis genommen werden, dass die Kategorie des christlichen Abendlandes dann für die Bewährung in den religionspolitischen Herausforderungen der Gegenwart hilfreich sein kann, wenn die scheinbar antagonistischen Gegenentwürfe des Verhältnisses der Europäer zur Religion – Religion als belligerante Gefährdung und Religion als zivilitätsstiftende Kraft – in ein bleibendes Spannungsverhältnis gesetzt werden, anstatt die gegenläufigen Dynamiken einseitig aufzulösen. Das Agonale, das in diesen Dynamiken kennzeichnend ist, hat ja nicht nur ein tragisches, sondern auch ein produktives Moment.

Nur, wenn wir beides in den Blick nehmen, wird es gelingen, die Frage nach der Bedeutung der Religion um die Frage nach der angemessenen Gestalt der Religion in Europa zu ergänzen. Und nur wenn diese Frage ernsthaft in den Mittelpunkt rückt, kann auch die Frage nach der Rolle der Religion im zukünftigen Europa angemessen beantwortet werden. Welche Formen der Partizipation in der Öffentlichkeit brauchen wir, damit die Religionen ihre humanisierende Kraft entfalten können? Welche politischen Rahmenbedingungen setzt diese Teilhabe voraus? Wie kann das kulturelle Erbe, auch das Erbe des religionskulturell so fruchtbaren Austausches, im künftigen Europa als echtes Vermächtnis und nicht als musealisierte Erinnerung an die nächste Generation weitergegeben werden? Welche Orte brauchen wir, damit die unterschiedlichen religionskulturellen Prägungen in konkreten Geschichten gegenseitig erzählbar werden? Wie können religiöse Identitäten geschaffen und geschützt werden, ohne dass Abgrenzungskämpfe die Folge sind? Wie können in Zukunft Symbolkämpfe um Kopftuch und Bilderverbot so ausgetragen werden, dass sowohl der Religionsfreiheit als auch der Freiheit zur Religionskritik Rechnung getragen wird? Wie viel Aufklärung über Religion brauchen wir, ohne dass die Macht des Religiösen selbst weltanschaulich hochgerüstet bestritten würde und so die Aufklärung selbst unter der Hand zum traurigen Religionsersatz wird? Es gilt, die Widersprüche nicht als hinlänglich gezähmte, sondern als ständig neu zu zähmende anzuerkennen, allerdings nicht in dem Sinne, dass man den Stachel der Religion selber ziehe. Religion ist ohne Kritik an der Welt nicht zu haben. Im „gezähmten Widerspruch“ liegt folgerichtig kein Webfehler Europas, hier baut sich vielmehr ein energetisches Spannungsfeld auf, das aufzulösen die Europäer um viele Dimensionen ärmer machte. Denn im Bild der Zähmung bleibt schön unbestimmt, wer eigentlich wen im Zaum hält. Hier liegt indes der heilsame Witz dieses spannungsreichen Verhältnisses: Die Religion sorgt dafür, dass Staat, Politik und Bürokratie, aber auch Wirtschaft und Wissenschaft selbst nicht religiös werden. Sie verzichtet allerdings ihrerseits auf politische Herrschaftsansprüche und erkennt die Säkularität der anderen Sphären an. Beides zusammen ist die Bedingung für Freiheit und Kultur als „Bedeutung im Werden".

Der Hinterhalt der Freiheit: Das Böse

„Den Bösen sind sie los, die Bösen sind geblieben.“ So beschreibt Mephisto in Goethes „Faust“ das allmähliche Verschwinden des Teufels aus der Welt nach der Aufklärung. Mit so viel doppelzüngiger Gemeinheit kann nur ein Teufel sprechen. Die Theologie schenkt dem Bösen in letzter Zeit wieder mehr Aufmerksamkeit, als Mephisto, der satanischen Literaturgestalt, lieb sein kann. Denn in der Welt ist immer noch der Teufel los.

Das mythologische Bild vom koboldhaften Ungeheuer mit schwarzem Pelz und Dreizack in der Hand, das die Menschen des Mittelalters in Schrecken versetzte, wirkt angesichts des Bösen in der Welt wie ein harmloses Glanzbild, wie Kinder es auf Schulhöfen tauschen, eine Figur wie aus dem jüngsten Fantasy-Bestseller. Schon Kinder haben einen Sinn für das Böse in der Welt. Das Böse steuert Passagierflugzeuge in Hochhaustürme und sperrt kleine Mädchen jahrelang im Keller ein. Es foltert politische Gegner und erschießt kritische Journalisten. Es wächst im Körper eines Familienvaters und verschlingt als Riesenwelle in Minuten hundert Dörfer und ihre Bewohner.

Das Böse ist ein kleines, dehnbares Wort, in das alles passen muss, was die Welt schauderhaft und hoffnungslos macht. Das Böse kann auf die ganz große Geste der Grausamkeit durchaus verzichten. Ein Gerücht am Rande hat schon so manche Lebensgeschichte zerstört. Auch wenn das Gegenteil bewiesen ist, etwas bleibt immer hängen, wenn böse Zungen los sind.

Das Böse ist nicht nur das, was Menschen heimsucht wie eine Katastrophe oder ein Schicksalsschlag. Es sind auch nicht immer die anderen, die für das Übel in der Welt verantwortlich sind. Das Christentum hat immer wieder daran erinnert, dass der Abgrund der Zerstörung auch in uns selbst lauert. Wer hätte nicht schon erschrocken festgestellt, wie Wut oder Enttäuschung zur Gewalt entfesseln. Wen hätte noch keine Schadenfreude beschlichen, wen noch nicht der klammheimliche Neid zu üblen Gedanken bewogen.

Das ist harmlos gegenüber dem Bösen, das Terroristen, Kinderschänder und Folterknechte über die Welt bringen? Wer sich daran erinnert, dass eine kleine Denunziation des Nachbarn unter bestimmten politischen Umständen einem Todesurteil gleichkommt, der wird vorsichtiger damit, sich selbst bei den Guten einzusortieren. Die Versuchung lauert oft schon in den lässlichen Boshaftigkeiten.

Hannah Arendt, die jüdische Philosophin aus Königsberg, hat als Beobachterin des Eichmann-Prozesses an einer Theorie des Bösen gearbeitet, die ganz nah an der biblischen Einsicht in das Wesen des Menschen ist. Die überlebende Jüdin, die sich gerade noch aus Deutschland retten konnte, fragt sich, wie ein so unauffälliger Zeitgenosse zu einem willigen Vollstrecker des Massenmords an den europäischen Juden werden konnte. So sieht doch kein Teufel aus. Das Böse entsteht häufig nicht aus dem Beschluss zur bösen Tat, stellt Hannah Arendt fest. Aus Indifferenz und aus der Weigerung, sich selbst ein Urteil zu bilden über das, was passiert, werden Familienväter, Hausmusiker und Goethe-Leser zu Bestien, die die Menschenwürde ihrer Nächsten in Gaskammern verfeuern. Bequemlichkeit und der Eindruck, man könne ja doch nichts anderes machen, können der erste Schritt in die Barbarei sein.

Dieses Böse agiert offen und bindet sich sogar an vermeintlich gute Ideen für Volk und Vaterland. Hannah Arendt nennt diese Bewegung des Bösen die „Konspiration am helllichten Tag“. Die theologische Tradition, auf die sie zurückgreift, hat für die Eskalation des Bösen im Nationalsozialismus noch keine Gedanken zur Verfügung gehabt. Dennoch ist es auch diesem Erbe zu verdanken, wenn die jüdische Gelehrte zur Vorsicht mahnt, wo Menschen das Böse an ein fremdes Prinzip oder eine anonyme Macht delegieren wollen, der normale Alltagsmenschen hilflos ausgeliefert wären.

Das Böse ist, wenn man so will, der Hinterhalt der Freiheit, der gerade da lauert, wo die Entscheidung gefragt ist. Hitler zu dämonisieren, ist einfach. Ihn sich als Menschen denken zu müssen, das ist die Zumutung, an der nach den Schreckenserfahrungen des 20. Jahrhunderts keiner vorbeikommt, der über das Böse nachdenkt. Wäre ein fremder Böser für das Böse verantwortlich, wären Deutsche von allen Vorwürfen frei, ein Volk von Verführten. Diese Entmündigung ist mit dem Christentum nicht zu machen. Deshalb kann das Verschwinden des Bösen als personifizierter Gestalt den Blick auf das Böse in seiner unheimlichen Dimension öffnen. Schon die Bibel findet verschiedene Bilder für das, was sich im Bösen ausdrückt. Das Gerücht, die Moderne habe den Teufel aus dem Christentum getrieben, um es auf diese Weise freundlicher und harmloser zu machen, ist deshalb falsch. Denn schon die biblischen Überlieferungen haben für das Böse nicht nur eine einzige Gestalt. Immanuel Kant, der große Aufklärer, hat die christliche Theorie über das Böse in die Moderne übersetzt. Der Mensch, sagt er nüchtern, ist „radikal böse". Das Radikale bezieht sich nicht auf die besonders verwerfliche Tat, sondern auf die Tatsache, dass das Böse in der Freiheit seine Wurzel hat. Radix, die Wurzel – das Böse ist die Verkehrung des Großartigsten, was den Menschen zum Menschen macht: seine innere und äußere Freiheit, die immer auch Freiheit in Verantwortung ist.

Chaosdrachen und satanischer Verführer, die Schlange mit ihren fiesen Einreden und die sich anbiedernde Stimme des Versuchers, der sogar an Jesus seine Machtspiele probiert, Meeresungeheuer und Riesenwellen, despotische Tyrannen und Geister, die die Seele von Menschen in Besitz nehmen, immer wieder neue Gestalten und Gesichter treten auf, so viele Gestalten, wie es Formen des Bösen gibt. Da ist die Bibel oft differenzierter und näher an den vielen Facetten des Bösen als die Kultur der Gegenwart.

In der Tat neigen auch aufgeklärte Menschen dazu, im Bösen eine Art heimlicher Gegenmacht zur Welt des Guten zu vermuten, für die sie die zerstörerischen Elemente der Welt verantwortlich machen können. Popkultur und Hollywoodkino machen den Kampf von Gut und Böse zum Dauerbrenner. In der öffentlichen Einbildungskraft sind wir über das Mittelalter nicht weit hinausgekommen. Gestalten in schwarzer Lederkluft verrichten ihr Zerstörungswerk so lange, bis ein unscheinbarer Held Riesenkräfte entfaltet und den Schurken die Stirn bietet. Oft haben diese Protagonisten des Bösen überirdische Kräfte.

Der manichäische Dualismus, der die Welt als Kampfplatz versteht, in der das Gute und das Böse verbissen miteinander kämpfen, ohne dass eine Entscheidung in Sicht wäre, ist in der Alltagskultur fest verankert. Christlich ist das Bild vom Boxkampf zwischen Gott und Teufel nicht, auch wenn die Theologie im Nachdenken über das Böse schnell an ihre Grenzen kommt. In der Spätantike stellte Augustin die kluge Überlegung an, dass das Böse deshalb so schwer zu fassen sei, weil es gar kein Sein, ja nicht einmal eine fassbare Wirklichkeit habe. Es ist nicht in dem Sinne, wie die Gegenstände der Welt sind. Erst recht ist es nicht wie Gott als der Inbegriff dessen, was lebt und Leben schafft. Es ist vielmehr das Gegenteil von Sein, die Verneinung, das Lebensfeindliche, das Chaos, das Zerstörerische, das alles, was sein will, permanent infrage stellt.

Deshalb malt Augustin das Böse auch schwarz an. Schwarz ist die Abwesenheit von Licht. Die Dämmerung, mit der das Schwarz beginnt, bedroht das Leben mit dem Verdacht der Sinnlosigkeit. Hier trifft die Pointe Augustins den bösen Zeitgeist der Gegenwart. Nihilismus als Haltung, die Hoffnungslosigkeit zum Prinzip macht, dem man nicht entwischt, entlarvt Augustin in biblischer Tradition als gemeinste Form des Bösen. „Da ist gar kein Gott", flüstert die Stimme.

Wir sind uns selbst ausgeliefert und den Mächten der Zerstörung, die wir freigelassen haben wie böse Geister aus der Flasche. Wo das, was vor Augen ist, alles ist, wir uns mit dem zufriedenzugeben haben, was ist, weil wir nichts ändern können, hat das Böse gesiegt, gleich, ob es im Anzug oder mit Sprengstoffgurt um den Bauch daherkommt. Die Passionszeit, die an den Leidensweg Jesu erinnert, kann das Nachdenken über das Böse in der Perspektive des christlichen Glaubens vertiefen. In den Versuchungen, in der Verlassenheit und in der Folter am Kreuz stellt Gott sich dem Bösen so elementar wie öffentlich, indem er es am eigenen Leib erträgt.

Das beendet jede dualistische Spekulation, als kämpfe ein unbeflecktes Gutes gegen eine böse Macht. Theologen der Gegenwart haben versucht, das negative Kraftzentrum des Bösen in der Verachtung der Würde des Menschen zu bestimmen. Am Kreuz kann sich dessen Energie entfalten. In der obszönen Inschrift über dem Kreuz: „Der König der Juden", steckt das Demütigende, das zur Signatur des Bösen gehört. In der Schändung des menschlichen Antlitzes durch die Folter steckt der kranke Machtwille über den hilflosen Nächsten. In der Verspottung durch die neben Jesus aufgeknüpften Verbrecher die Entsolidarisierung im Leiden.

Doch so wie das Kreuz zum Emblem der Macht des Bösen wird, so ist der Glaube an die Auferweckung Jesu sein Dementi. „Tod, wo ist dein Stachel, Hölle, wo ist dein Sieg?", schleudert Paulus Mephistopheles entgegen. Luther, dessen Welt voller Teufel war, bringt die Einflussgrenze des Bösen auf den Punkt: „Ein Wörtlein kann ihn fällen." Es ist das Wörtlein von der freien Gnade Gottes. Vor ihr nimmt das banale Böse in jedem Menschen Reißaus.

Im Schatten des Doms

Ein Junge ruft: „Fotze, du!“ Das Wort wird mir hinterhergeworfen wie ein nasser Schneeball, der aus Versehen in meinem Nacken landet. Ich denke: Jetzt bist du doch zu alt für solche Beschimpfungen! Vier Jugendliche versperren den Eingang zur S-Bahn mit der Entschlossenheit von Zwergen in zu großen Körpern, die Hände tief in die Hosentaschen vergraben. Der Alexanderplatz in Berlin. Da fängt man sich schon mal eine Verhöhnung ein. Einer ruft jetzt: „Allahu Akbar!“, und spuckt auf den Boden.

Wir müssen über Religion reden. Auch wenn die Gefahr besteht, vom schreiverzerrten Chor derer vereinnahmt zu werden, die über die Islamisierung des christlichen Abendlandes fantasieren. Nach den Ereignissen im Schatten des Kölner Doms über Religion und sexualisierte Gewalt zu reden, ist heikel. In den Bildern, die um die Welt gingen, steht das Symbol deutscher Gotik da wie ein schweigender Greis, melancholisch versunken in die eigene, unvollendete Lerngeschichte des Christentums. Darin ist die Aufarbeitung sexualisierter Gewalt längst nicht abgeschlossen. Doch wenn eine Million Menschen aus überwiegend muslimischen Ländern nun in Deutschland eine Heimat finden sollen, gehört ein nüchterner, kritischer Blick auf den Islam dazu. Genauer gesagt: auf die konfessionellen Prägungen, die sozialen Praktiken, die Auslegungsformen – die diejenigen mitbringen, die zu uns kommen.

Es braucht eine genauere Kenntnis der religiösen Topografie der Herkunftsländer und präzisere Beschreibungen der kulturellen, politischen, familiären und auch religiösen Ordnungsmuster. Denn durch sie werden Ideale von Geschlecht, Hierarchie und Autorität vermittelt. Syrer zum Beispiel bringen Erfahrung mit Andersgläubigen und moderate Auslegungstraditionen mit. Nordafrikaner kommen in der Regel aus einer Welt weitaus strengerer religiöser Normen.

Sexuelle Übergriffe, auch von langer Hand geplante, gehören zum Alltag in fast allen muslimisch geprägten Ländern – obwohl Gewalt gegen Frauen auch im Islam als schwere Sünde gilt. Oft genug eskaliert die Gewalt unter Einfluss von Drogen und Alkohol. Frauenrechtlerinnen, Journalistinnen und kritische Theologen aus diesen Ländern weisen auf das Paradox von strikten Verboten und deren exzessiver Überschreitung seit Jahren hin. Sie schreiben über Pornokonsum, über Geschlechtertrennung, über „Reinheitsgebote", die dem Recht auf sexuelle Selbstbestimmung widersprechen.

Vor Übergriffen im Alltag sicher sind weder Frauen mit Kopftuch noch ohne. Sogenannte Ungläubige aber sind sexueller Gewalt besonders ausgeliefert. Diese Frauen fühlen sich alleingelassen vom Justemilieu in den westlichen Gesellschaften. Kein Aufschrei über ihr Leid, nirgends. Und die rhetorische Floskel, „eigentlich“ gehe es in fundamentalistisch angeheizten Konflikten um etwas ganz anderes, nämlich um soziale Benachteiligung oder um westliche Engstirnigkeit, macht das Verschweigen noch bitterer. Die die Floskel benutzen, leugnen, dass Religion soziale Auswirkungen hat.

In den dunklen Ecken deutscher Großstädte kann man beobachten, was passiert, wenn wir nicht auch über Religion reden. Zu lange wurde der Jugendrichterin aus Hamburg, der Lehrerin aus dem Ruhrgebiet oder dem Bezirksbürgermeister aus Berlin unterstellt, unter einer déformation professionelle zu leiden, wenn sie aus der Lebenswelt der Desintegrierten berichteten: über Gott als Alibi für die Demütigung von Mädchen, für Respektlosigkeit gegenüber der Polizei, für Kriminalität. Diese dunklen Ecken sind nicht das ganze Bild. Doch sie unausgeleuchtet zu lassen, weil das Bild nicht hässlich werden soll, ist eine gefährliche Form des Selbstbetrugs – vielleicht der letzte Obskurantismus der Intellektuellen.

Was war zuerst da? Die soziale Isolation oder der mangelnde Integrationswille? Die aggressive Machogeste oder die Demütigung durch auf Dauer gestelltes Fremdsein?

Tatsächlich wird für manche muslimische Migranten die unhinterfragte Tradierung des Islam zum

Machtinstrument. Sie antworten auf den Vorwurf der Unterlegenheit ihrer Religion mit maßlosem Überlegenheitsgefühl. Dabei sind religiös inszenierte Mackergesten nur die Oberfläche einer unheimlichen Entwicklung: Fünfzehnjährige spielen sich zu Wächtern darüber auf, ob Mitschüler sich an die Gebote des Ramadan halten. Ältere Brüder überprüfen die Rocklänge ihrer Schwestern am Schulhofausgang. Mädchen ohne Kopftücher werden bespuckt und als „Huren" beschimpft. Pubertäre Meuten betreten den Klassenraum mit dem Ruf „Allahu Akbar" und „Fuck you" in Richtung Lehrerin. Das ist religiöse Affirmation und sexuelle Beleidigung in einem Atemzug.

Natürlich ist testosterongesteuertes Muskelspiel dabei. Sprachnot wird in Gesten der Provokation verwandelt. Doch man macht es sich zu einfach, solche Phänomene als Rowdytum abzutun. Viele muslimische Knaben erleben die religiös begründete Unterdrückung von Frauen. Sie wachsen mit einem unhinterfragten Ehrbegriff auf, der sich mit der Idee gleicher Würde nicht verträgt. Sie sehen die Repressionen, die ältere Geschwister ertragen müssen, wenn sie sich einen nicht-muslimischen Partner suchen. Sie lernen von klein auf Antisemitismus kennen, und der wird auf deutschen Schulhöfen bereits so offen artikuliert wie in deutschen Flüchtlingsunterkünften.

Ja, Religion hat ihren Anteil an der Verachtung anderer und an der Ablehnung gleicher Freiheitsrechte. Wenn dieser versteinerte Islam aufgebrochen werden soll, der nur aus Bruchstücken der facettenreichen islamischen Tradition besteht, brauchen wir religiöse Bildung und islamische Selbstaufklärung für die breite Masse der Muslime. Viel wäre schon gewonnen, wenn muslimische Dissidenten in den deutschen Islam integriert blieben, wenn Islamverbände die Kritiker aus den eigenen Reihen respektierten und antiwestlichen Verschwörungstheorien entgegenträten. Der ständige Hinweis, es handle sich bei gewalttätigen Formen von Religiosität nicht um authentische Religiosität, genügt nicht.

Und die „Vermännlichung" des öffentlichen Raums? In manchen Straßenzügen Berlins ist sie beinahe abgeschlossen. Nun kommen mehrere hunderttausend junge Männer dazu: aus Bürgerkriegsregionen, traumatisiert, aus allen sozialen Bezugssystemen gerissen. Die Rede von Einzeltätern, der normative Individualismus westlicher Gesellschaften, versperrt den Blick darauf, aus welchen normativen Netzen die Männer kommen. Im Niemandsland zwischen der verlorenen Heimat und dem Wartestand auf ein besseres Leben sind diese jungen Männer empfänglich für radikal religiöse Abenteuer. Nicht weil sie besonders religiös sind, sondern weil die Idee einer heroischen, exklusiven Gemeinschaft ihrem Leben Sinn gibt. Oft haben sie keine eigene religiöse Urteilskraft ausgebildet, um Abstand zu halten zu den gefährlichen Pop-Theologien der Salafistenprediger. Die wissen das.

Deshalb müssen wir neben Sprachkursen und warmer Kleidung auch geistige Lebensmittel in die Flüchtlingseinrichtungen bringen. Flüchtlinge brauchen soziale Bindungen, Autoritäten, männliche Vorbilder und Begleiter, religiöse Angebote und eine Islamkunde, in der Kritik selbstverständlich ist.

„Hier gibt es Brot mit Schweinefleisch und halbnackte Mädchen, die mitten im Winter Bikinis verkaufen", sagte ein neunzehnjähriger Flüchtling auf die Frage eines Journalisten, was ihm in Deutschland als Erstes aufgefallen sei. Dieser Mann muss nun akzeptieren lernen, dass gleichaltrige Frauen mit Wonne einen Burger essen, kichernd über Jungs lästern und per WhatsApp eine Verabredung mit dem Liebsten treffen, ohne den Vater zu fragen. Der Mann muss Freiheit lernen. Hoffentlich kennen wir, die wir schon lange in Freiheit leben, ihre geistigen Grundlagen. Hoffentlich ist sie uns nicht nur eine Formel aus den Sonntagsreden. Hoffentlich wissen auch die Mädchen selbst, warum sie hier frei leben, frei reden, frei lieben und frei glauben dürfen.

Das Bild des Kölner Doms ist eine Warnung: Zum Erbe der Aufklärung gehört auch Aufklärung über Religion. Das Erbe verkommt zur Kulisse, wenn wir es nicht ernst nehmen – als verbindliche Grundlage für alle.

Krieg im Kopf: Die Macht der Bilder

„Wir sind im Krieg“, hat der französische Premier Manuel Valls nach den Morden in Brüssel 2016 gesagt. Seit den Anschlägen vom 11. September 2001 hat sich dieser Krieg in die Mitte des Westens gebombt. Er ist zu einer unheimlichen Begleiterscheinung unseres Alltags geworden. Eine furchterregende Möglichkeit, die sich in unser aller Einbildungskraft eingenistet hat. In jeder U-Bahn, bei jedem Straßenfest, auf jedem Weihnachtsmarkt lauert diese kleine fiese Angst. Was wäre, wenn. Mit den Betonpfeilern an den Grenzen zu ehemals offenen Plätzen hat sich diese Angst festgesetzt, schwer und grau und hässlich. Dieser Krieg kommt nicht durch Feinde von außen, die sich in unsere Welt eingeschlichen haben. Man mag darüber diskutieren, ob „Krieg“ überhaupt die richtige Wortwahl ist. Doch die, die zum Terror greifen, fühlen sich selbst als Krieger, als Krieger gegen den Westen, gegen offene Gesellschaften, längst auch gegen Christen, Juden und die Muslime, die nicht so leben wie sie. Die, die diesen Krieg führen, sind unsere eigenen Kinder, junge Menschen, viele wirklich noch Halbwüchsige, aufgewachsen in westlichen Großstädten.

Junge Muslime, deren Eltern sich erschrocken die Augen reiben ob der Spontanreligiosität ihrer Kinder, packt ein Vernichtungswille, der scheinbar unerklärlich ist.

Konvertiten, die Kevin oder George heißen und aus Familien kommen, die mit Religion gar nichts zu tun hatten, lassen sich plötzlich Bärte wachsen, die den Hipsterbärten zum Verwechseln ähnlich sind, und sind nun bereit, zu hassen, zu foltern und zu morden. Aus Kleinkriminellen und aus Mädchen, die gestern noch Superstars werden wollten, werden religiöse Fanatiker, die ihrer eigenen Welt, ihren alten Mitschülern, ihren alten Freunden, ihren Familien den Kampf ansagen – im Namen eines Gottes, für den sie sich nachweislich lange gar nicht interessierten, mit Berufung auf eine Religion, die sie buchstabieren wie Analphabeten. Sie wiederholen Sätze, die andere ihnen vorgebetet haben, übernehmen Fragmente und werfen mit Koranzitaten um sich, bevor sie den Sprengstoff zünden.

Allmählich werden auch nachdenklichere Debatten über die Ursachen dieser Konversion ins Zerstörerische geführt. Lange schien es so, als gäbe es nur zwei schlichte Antworten, um der Kriegserklärung auf den Grund zu gehen: Die einen zeigen mit dem Finger auf „den Islam" oder schreien was vom Untergang des Abendlandes. Sie wollen es immer schon gewusst haben: Diese Religion verträgt sich nicht mit der westlichen Freiheit. Muslime sind qua

Religionszugehörigkeit fremd und unintegrierbar, der Terror nur äußerer Ausdruck bleibender Fremdheit. Die anderen, von muslimischen Verbänden bis zu prominenten Linksintellektuellen, parieren: Mit Religion habe dieser Terror gar nichts zu tun. Er tue nur so. Soziale Benachteiligung, mangelnde Bildung und das Gefühl der Minderwertigkeit seien die eigentlichen Motive der Terroristen, die religiöse Symbolsprache sei nur ausgeborgt.

Langsam erst gehen Wissenschaftler, Therapeuten, Pädagogen, Terrorismusexperten und Gewaltforscher gemeinsam auf Motivsuche. Handelt es sich bei den Terrorakten um „islamisierte Gewalt", in der die Berufung auf die Vernichtung der Ungläubigen im Namen eines Gottes eher eine geopolitische Gelegenheit als einen inneren Zusammenhang mit dem Islam aufweist? Oder ist es umgekehrt so, dass die Aufklärungsresistenz des alltäglich gelebten und mehr oder weniger unauffälligen Alltags-Islams den Nährboden für eine Generation gewaltbereiter Muslime überhaupt erst ermöglicht? Sind Salafistenprediger und die Rekrutierungsgestalten für den Dschihad im Internet deshalb so erfolgreich, weil die Jugendlichen nicht zu viel, sondern zu wenig über ihre Religion wissen, die eigene religiöse Urteilskraft nie ausgebildet und das kritische Hinterfragen von Vorbildern und Heldengestalten nie gelernt haben?

Die Ursachenforschung hat begonnen. Wir wissen noch viel zu wenig. Deshalb ist Vorsicht in der Analyse angebracht. Eine Frage wird jedoch selten gestellt: Warum sind westliche Gesellschaften, warum sind wir so leichte Opfer des Terrors? Ist es wirklich nur eine Frage der inneren Sicherheit, gut ausgerüsteter Geheimdienste und einer Integrationspolitik, die ihren Namen verdient? Die jungen Terroristen sind in der westlichen Medienwelt aufgewachsen, zwischen Frühstücksfernsehen, sozialen Netzen, Selfiekultur und Streaming. Sie haben deshalb intuitiv verstanden, welche Macht noch größer ist als die der Kalaschnikows und Sprengstoffgürtel. Ihre wichtigste Waffe sind die Bilder.

Während ihre Vorbilder im heiligen Krieg in Syrien, im Irak, im Jemen oder in Afghanistan die großen Kultur- und Bildstätten der Antike, ja alle Orte der Vergangenheit vernichten wollen, um den Gedanken der Geschichtlichkeit der Welt und der Vielfalt der Kulturen auszulöschen, produzieren sie mit ihrem tödlichen Zerstörungswerk ganze Bildkaskaden. Ihren Terror können wir live verfolgen, stundenlang, wie bei den Anschlägen in Paris, Brüssel und Berlin. Während Hunderte Menschen in einem Musikclub um ihr Leben bangen und viele es verlieren werden, sitzen vor den Bildschirmen der westlichen Welt Millionen Menschen und sehen zu.

Der schaurige Schrecken, der im Zugucken entsteht, das Gefühl, davongekommen zu sein, Neugier und der eigene Ekel davor gehen eine schlimme Mischung ein. Nach Brüssel werden die Bilder der verrauchten Flughafenhalle tagelang in Dauerschleife gezeigt. Im Netz gibt es die wackeligen Handybilder der Überlebenden, Selfies von der gelungenen Flucht, Bilder aus dem Versteck, im Schock wie zur Vergewisserung gemacht und online gestellt, als reiche die Wirklichkeit nicht aus, um das Unbegreifliche zu begreifen. In den freien und offenen Gesellschaften hat sich ein nachgerade magisches Verständnis der Bilder breitgemacht. Bilder sind mächtig. Sie erzeugen unmittelbare Evidenz, binden in einem Augenblick viele, auch widersprüchliche Emotionen, sie bedürfen scheinbar keiner Erklärung. Der Bannstrahl der Terroristen kommt durch die Bilder, die sie schaffen. Im Grunde ein blasphemischer Akt, das quasigöttliche Bildermachen – in vielen muslimischen Traditionen eine schier undenkbare Sünde. Mit dem Mittelalter haben diese Bilderproduzenten nichts zu tun. Sie kennen sich in der Ökonomie der Aufmerksamkeit aus, sie wissen, wie man sich in den sozialen Medien in Positur stellt, und imitieren auf diese Weise den ästhetischen Furor der Popkultur, in der sie aufgewachsen sind.

Die Ästhetik der Killerspiele verbindet sich mit einer teuflisch-kindlichen Sehnsucht nach Sinn, der nicht mehr durch Leistung, sondern nur noch durch Zerstörung zu gewinnen zu sein scheint. Das Morden ist schon schrecklich genug, doch durch die millionenfache Vervielfältigung des Schreckens im Bild schafft es der Terror in die Einbildungskraft eines jeden, der den Bildern nicht ausweichen kann. Vermutlich kann jeder Erwachsene, der die Augen schließt, die Flugzeuge in Zeitlupe sehen, wie sie in die Zwillingstürme in New York fliegen. Eine Ikone der Zerstörung und des tausendfachen Mordes, abrufbar zu jeder Zeit an jedem Ort.

Die Bilder haben sich verselbstständigt. Sie haben keinen Ort mehr, sie passen überall. Hier entsteht die Angst, hier entsteht das „Was wäre, wenn" beim Betreten eines Cafés, einer U-Bahn oder einer Abflughalle. Die Terroristen haben schon früh gelernt, dass die Sprache der Gewalt am deutlichsten als Sprache der Bilder zu verstehen ist. Das zeigt auch die Bilder-Obsession des IS, jener fundamentalzerstörerischen Bewegung, die „Islamischen Staat" zu nennen eigentlich schon eine Beschönigung ist, suggeriert doch der Begriff des Staates ein gewisses Maß an Wohlordnung. Daaisch, der arabische Name für dieses Heer der Zerstörung, ist deutlich passender. Auch die Sprache der Bilder ist eine Überlegung wert. Vielleicht braucht es neben der genauen Analyse der Motive für den Terror, der aus unserer Mitte kommt, auch endlich eine neue Aufklärung über die Macht der Bilder, der wir uns freiwillig unterwerfen. Ohne die Bilder würden wir nur halb so schnell zur Beute der Feinde des westlichen Lebensstils. Wir werden, wenn man so will, mit unseren eigenen Waffen geschlagen. Gegen den Bilderkrieg hilft vielleicht ein – theoretischer – Bildersturm, der mit dem Eingeständnis beginnt, dass unser Verhältnis zu Bildern seltsam unaufgeklärt ist. Der guten alten Bilderskepsis des Abendlandes, die auch im Christentum, nicht nur, aber besonders ausgeprägt in den Theologien der Reformation, wurzelt, steht ihre Wiederentdeckung noch bevor. Lange wurde diese Bilderskepsis als Sinnen- und Kunstfeindschaft verstanden. Die tiefer liegenden Argumente wurden schon lange nicht mehr hervorgeholt: die Gefahr der Verwechselung von Bild und Wirklichkeit, die Macht, die durch scheinbare – und absolut nicht fälschungssichere – Evidenz kommt, die Sorge, dass Bilder besonders vertrackte Machtmittel zur Gewinnung von Macht über den Menschen sind. Diese Einsichten wären der bildversessenen Gegenwart zu wünschen.

Ein Gedankenexperiment: Was wäre, wenn wir dem Terror seine mediale Aufmerksamkeit verweigerten? Was wäre, wenn wir auf den Horror des Zusehens verzichteten, die Bildschirme dunkel ließen oder der Opfer so gedächten, dass die Mörder nicht mehr im Mittelpunkt stünden? Möglich, dass unsere Abhängigkeit von Bildern schon zu groß ist. Möglich, dass ihre Macht über uns nicht mehr durch so eine altmodische Verweigerungsgeste zu brechen ist. Doch sich der Macht dieser Bilder weiter zu unterwerfen, als gäbe es keine Alternative, wäre ein fatales Eingeständnis, dass es mit dem Ausgang aus der selbst verschuldeten Unmündigkeit so weit her nicht ist.

Nachwort

> **Man muß weggehen können**
> **und doch sein wie ein Baum:**
> **als bliebe die Wurzel im Boden,**
> **als zöge die Landschaft und wir ständen fest.***
>
> *Hilde Domin*

„Wo ist Abendland?“ Fragt das Kind mit dem Weltatlas unter dem Arm. Es reist gerne mit dem Zeigefinger. Hier ist das Abendland, sagt der alte Mann und zeigt auf die Bibliothek hinter seinem Rücken. Dieser kleine Essay steht unter dem Schatten dieser Bibliothek, einer Welt der Ideen, Geschichten und ihrer vielfachen Bestreitungen, geht aber – was zwar platzsparend, aber auch riskant ist – nicht auf diesen Kosmos ein. Wenn, dann nur indirekt, weil sich alles Schreiben dem Lesen verdankt. Bruchstücke, Notizen, Vorträge, Beiträge in Zeitung und Hörfunk der letzten zehn Jahre sind in das Büchlein eingegangen, die in einen bestimmten Kontext hinein geschrieben wurden und doch ein gemeinsames Thema haben, einen roten Faden, der durch das

* Hilde Domin, Ziehende Landschaft. Aus: Dies., Sämtliche Gedichte.

letzte Jahrzehnt führt. Darunter sind Veröffentlichungen bei „Christ und Welt“ und bei „Zeitzeichen“, aber auch Unveröffentlichtes. Dieses Sammelsurium von Betrachtungen beansprucht keine Deutung dessen, was mit der Pathosformel „Abendland“, mithin angereichert durch das „Christliche“, gemeint sein könnte. Schon gar nicht will der kleine Text eine Kurzgeschichte der sogenannten abendländischen Kultur sein. „Kultur“ als Referenz ist vielfältig missbraucht und leicht falsch zu verstehen, als Totschlagargument oder als Relativierung, als Versuch der Traditionssicherung oder als das genaue Gegenteil, als elastischer Großbegriff, in den alles passt und als ausgrenzender Kampfbegriff, der seine Energie aus der Abgrenzung nimmt. Wenn verkürzend von „abendländischer“ oder westlicher Kultur die Rede ist, dann ist damit nicht alles klar. Im Gegenteil, das Anliegen, das alle Beiträge durchzieht, ist die Frage nach dem, was als kulturelle Tiefengrammatik für alles gegenwärtige Sprechen bleibt, wenn Kultur eher ein Orientierungsbegriff ist, eine Art mitgesetzter Horizont, der sich je nach Standort leicht verändert und doch unverzichtbar bleibt, ein probates Mittel gegen den Schwindel und die unsichtbare Linie, die Dinge in die richtigen Abstände rückt. Vielleicht ist nichts so abendländisch wie der Streit darüber, was diesen Bezug in der nervösen Gegenwart bedeutsam macht. Bekanntlich können auf Dauer gestellte Auseinandersetzungen mehr integrieren als Indifferenz oder Beschweigen, deswegen ergibt sich aus dem Essay nur ein Appell: „Wir müssen reden." Die kleinen Überlegungen sind persönliche Positionsbestimmungen, besser noch: Suchbewegungen, Übungen, bei denen die Frage mitläuft, was es in diesen Tagen zu verteidigen gilt, wo viel scheinbar Selbstverständliches fragwürdig oder zumindest rechtfertigungsbedürftig und angreifbar geworden ist. Die Suche geht ins Offene. Vieles fehlt. Die sich stetig verändernde Rolle des Christentums, genauer: der Christentümer in ihrer verfassten und nicht verfassten Form kommt nur am Rande vor. Eine Kurzgeschichte der emphatischen Individualität steckt nur in Nebensätzen – und ist doch entscheidend für das Selbstverständnis des Westens. So basal, so sehr alles Sprechen und Denken durchdringend, dass es schwierig ist, sich einen anderen Ausgangspunkt überhaupt zu denken. Und doch ist die Sehnsucht nach der Überschreitung dieses Individuums, nach seinem Aufgehen im Kollektiv, der Unterordnung unter eine Autorität, dem Verschwinden in der sorgenden Gemeinschaft, im wahren Volk, dieser Tage wieder unüberhörbar. Freiheit ist anstrengend, Selbstsorge und Selbstverantwortung machen frei, aber müde. Auch der Freiheit selbst ist kein Kapitel gewidmet, obwohl die Geschichte der Freiheitserzählungen samt ihrer Irrgänger zu verblassen droht wie vieles, was zu selbstverständlich geworden ist. Freiheit kommt aber samt ihrer Verkehrung als Grundfigur dauernd vor. Auch vergessene Themen tauchen auf: Buße, Schuld, Vergebung etwa. Theologische Deutungsmuster werden auf die Probe gestellt und ohne jeden wissenschaftlichen Anspruch auf ihre Tragfähigkeit im 21. Jahrhundert getestet. Noch ist offen, ob es ein nachchristliches, nachmodernes, vielleicht sogar nachdemokratisches Zeitalter wird – oder eben nicht, weil geschichtliche Phasen harter Umbrüche und fließender Veränderungen nicht nur Angst machen, sondern aus Menschen auch das Kühnste, Menschenfreundlichste und Mutigste hervorbringen, wenn sie bei Trost bleiben und den Horizont ihrer Hoffnung nicht aus den Augen verlieren.

Ich danke Elke Rutzenhöfer, die die Idee zu diesem Buch hatte und seine Umsetzung so klug begleitet hat.